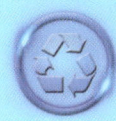

国家出版基金资助项目

节能与新能源汽车关键技术研究丛书

丛书主编：欧阳明高

车用质子交换膜燃料电池关键材料及应用

叶思宇　杜　磊　邢丽欣 ⊙ 编著

KEY MATERIALS AND THEIR APPLICATIONS IN PROTON EXCHANGE
MEMBRANE FUEL CELLS FOR VEHICLES

华中科技大学出版社

http://press.hust.edu.cn

中国·武汉

内 容 简 介

本书面向以汽车为代表的交通领域,围绕质子交换膜燃料电池过去的高速发展和未来的应用前景展开讨论。首先对质子交换膜燃料电池的结构和原理进行了简要介绍,指出其中关键零部件的重要作用。随后对每一类关键零部件的发展现状和未来挑战逐一进行分析,包括催化剂和催化层、离聚物和质子交换膜、气体扩散层、膜电极以及双极板。本书总结了车用质子交换膜燃料电池关键材料的研究进展,并指出了其未来的发展和应用方向,可为相关领域的研究人员、工程技术人员及教学人员提供一定的参考。

图书在版编目(CIP)数据

车用质子交换膜燃料电池关键材料及应用 / 叶思宇,杜磊,邢丽欣编著. -- 武汉 :华中科技大学出版社,2025.6. -- (节能与新能源汽车关键技术研究丛书). -- ISBN 978-7-5772-1850-2

Ⅰ. TM911.4;U463.63

中国国家版本馆 CIP 数据核字第 2025R44U63 号

车用质子交换膜燃料电池关键材料及应用　　　　　　叶思宇　杜　磊　邢丽欣　编著
Cheyong Zhizi Jiaohuanmo Ranliao Dianchi Guanjian Cailiao ji Yingyong

---

策划编辑:俞道凯　胡周昊
责任编辑:杜筱娜
封面设计:原色设计
责任监印:朱　玢
出版发行:华中科技大学出版社(中国·武汉)　　　电话:(027)81321913
　　　　　武汉市东湖新技术开发区华工科技园　　　邮编:430223
录　　排:武汉三月禾文化传播有限公司
印　　刷:武汉科源印刷设计有限公司
开　　本:710mm×1000mm　1/16
印　　张:11.75
字　　数:189 千字
版　　次:2025 年 6 月第 1 版第 1 次印刷
定　　价:138.00 元

节能与新能源汽车关键技术研究丛书

编审委员会

主任委员　欧阳明高（清华大学）

副主任委员　王俊敏（得克萨斯大学奥斯汀分校）

委　员（按姓氏笔画排列）

马芳武（吉林大学）　　　　王飞跃（中国科学院自动化研究所）

王建强（清华大学）　　　　邓伟文（北京航空航天大学）

艾新平（武汉大学）　　　　华　林（武汉理工大学）

李克强（清华大学）　　　　吴超仲（武汉理工大学）

余卓平（同济大学）　　　　陈　虹（同济大学）

陈　勇（广西大学）　　　　殷国栋（东南大学）

殷承良（上海交通大学）　　黄云辉（华中科技大学）

作者简介

▶ **叶思宇** 广州大学特聘教授，广州大学黄埔氢能源创新中心主任，鸿基创能科技(广州)有限公司董事长和首席技术官，加拿大工程院院士。厦门大学理学博士，在电化学尤其是燃料电池领域具有30余年研发和产业化经验。

▶ **杜 磊** 广州大学副教授，广东省自然科学基金杰出青年项目获得者，广州市高层次人才。哈尔滨工业大学工学博士，先后在华盛顿州立大学、加拿大国立科学研究院等单位学习和工作，研究方向为氢能关键材料和先进技术。

作者简介

▶ **邢丽欣** 广州大学讲师。哈尔滨工业大学工学博士，曾赴美国宾夕法尼亚州立大学、加拿大国立科学研究院学习和工作，主要从事先进离聚物和高分子膜材料设计、改性及其在燃料电池等功能器件中的应用和优化。

新能源汽车与新能源革命（代总序）

中国新能源汽车研发与产业化已经走过了 20 个年头。回顾中国新能源汽车的发展历程："十五"期间是中国新能源汽车打基础的阶段,我国开始对电动汽车技术进行大规模有组织的研究开发;"十一五"期间是中国新能源汽车从打基础到示范考核的阶段,科技部组织实施了"节能与新能源汽车"重大项目;"十二五"期间是中国新能源汽车从示范考核到产业化启动阶段,科技部组织实施了"电动汽车"重大项目;"十三五"期间是中国新能源汽车产业快速发展升级阶段,科技部进行了"新能源汽车"科技重点专项布局。

2009—2018 年的 10 年间,中国新能源汽车产业从无到有,新能源汽车年产量从零发展到 127 万辆,保有量从零提升到 261 万辆,均占全球的 53％以上,居世界第一位;锂离子动力电池能量密度提升两倍以上,成本降低 80％以上,2018 年全球十大电池企业中国占 6 席,第一名和第三名分别为中国的宁德时代和比亚迪。与此同时,众多跨国汽车企业纷纷转型,大力发展新能源汽车。这是中国首次在全球率先成功大规模导入高科技民用大宗消费品,更是首次引领全球汽车发展方向。2020 年是新能源汽车发展进程中具有里程碑意义的年份。这一年是新能源汽车大规模进入家庭的元年,也是新能源汽车从政策驱动到市场驱动的转折年。这一年,《节能与新能源汽车产业发展规划(2012—2020 年)》目标任务圆满收官,《新能源汽车产业发展规划(2021—2035 年)》正式发布,尤其是 2020 年年底习近平主席提出中国力争于 2030 年前实现碳达峰和 2060 年前实现碳中和的宏伟目标,给新能源汽车可持续发展注入强大动力。

回顾过去,展望未来,我们可以更加清晰地看出当前新能源汽车发展在能源与工业革命中所处的历史方位。众所周知,每次能源革命都始于动力装置和交通工具的发明,而动力装置和交通工具的发展则带动对能源的开发利用,并引发工业革命。第一次能源革命,动力装置是蒸汽机,能源是煤炭,交通工具是火车。第二次能源革命,动力装置是内燃机,能源是石油和天然气,能源载体是汽油、柴油,交通工具是汽车。现在正处于第三次能源革命,动力装置是各种电池,能源主体是可再生能源,能源载体是电和氢,交通工具就是电动汽车。第一次能源革命使英国经济实力超过荷兰,第二次能源革命使美国经济实力超过英国,而这一次可能是中国赶超的机会。第四次能源革命又是什么？我认为是以可再生能源为基础的绿色化和以数字网络为基础的智能化。

从能源与工业革命的视角看新能源汽车,我们可以发现与之密切相关的三大革命:动力电动化——电动车革命;能源低碳化——新能源革命;系统智能化——人工智能革命。

第一,动力电动化与电动车革命。

锂离子动力电池的发明引发了蓄电池领域百年来的技术革命。从动力电池、电力电子器件的发展来看,高比能量电池与高比功率电驱动系统的发展将促使电动底盘平台化。基于新一代电力电子技术的电机控制器升功率提升一倍以上,可达50千瓦,未来高速高电压电机升功率提升接近一倍,可达20千瓦,100千瓦轿车的动力体积不到10升。随着电动力系统体积不断减小,电动化将引发底盘平台化和模块化,使汽车设计发生重大变革。电动底盘平台化与车身材料轻量化会带来车型的多样化和个性化。主动避撞技术与车身轻量化技术相结合,将带来汽车制造体系的重大变革。动力电动化革命将促进新能源电动汽车的普及,最终将带动交通领域全面电动化。中国汽车工程学会《节能与新能源汽车技术路线图2.0》提出了我国新能源汽车的发展目标:到2030年,新能源汽车销量达到汽车总销量的40%左右;到2035年,新能源汽车成为主流,其销量达到汽车总销量的50%以上。在可预见的未来,电动机车、电动船舶、电动飞机等都将成为现实。

第二,能源低碳化与新能源革命。

国家发改委和能源局共同发布的《能源生产和消费革命战略(2016—2030)》提出到2030年非化石能源占能源消费总量比重达到20%左右,到2050年非化石能源占比超过一半的目标。实现能源革命有五大支柱:第一是向可再生能源转型,发展光伏发电和风电技术;第二是能源体系由集中式向分布式转型,将每一栋建筑都变成微型发电厂;第三是利用氢气、电池等相关技术存储间歇式能源;第四是发展能源(电能)互联网技术;第五是使电动汽车成为用能、储能和回馈能源的终端。中国的光伏发电和风电技术已经完全具备大规模推广条件,但储能仍是瓶颈,需要靠电池、氢能和电动汽车等来解决。而随着电动汽车的大规模推广,以及电动汽车与可再生能源的结合,电动汽车将成为利用全链条清洁能源的"真正"的新能源汽车。这不仅能解决汽车自身的污染和碳排放问题,同时还能带动整个能源系统碳减排,从而带来一场面向整个能源系统的新能源革命。

第三,系统智能化与人工智能革命。

电动汽车具有出行工具、能源装置和智能终端三重属性。智能网联汽车将重构汽车产业链和价值链,软件定义汽车,数据决定价值,传统汽车业将转型为引领人工智能革命的高科技行业。同时,从智能出行革命和新能源革命双重角度来看汽车"新四化"中的网联化和共享化:一方面,网联化内涵里车联信息互联网和移动能源互联网并重;另一方面,共享化内涵里出行共享和储能共享并重,停止和行驶的电动汽车都可以连接到移动能源互联网,最终实现全面的车网互动(V2G,vehicle to grid)。分布式汽车在储能规模足够大时,将成为交通智慧能源也即移动能源互联网的核心枢纽。智能充电和车网互动将满足消纳可再生能源波动的需求。到 2035 年,我国新能源汽车保有量将达到 1 亿辆左右,届时新能源车载电池能量将达到 50 亿千瓦时左右,充放电功率将达到 25 亿～50 亿千瓦。而 2035 年风电、光伏发电最大装机容量不超过 40 亿千瓦,车载储能电池与氢能结合完全可以满足负荷平衡需求。

总之,从 2001 年以来,经过近 20 年积累,中国电动汽车"换道先行",引领全球,同时可再生能源建立中国优势,人工智能走在世界前列。可以预见,2020 年至 2035 年将是新能源电动汽车革命、可再生能源革命和人工智能革命突飞猛进、协同发展,创造新能源智能化电动汽车这一战略性产品和产业的中国奇迹的新时代。三大技术革命和三大优势集成在一个战略产品和产业中,将爆发出巨大力量,不仅能支撑汽车强国梦的实现,而且具有全方位带动引领作用。借助这一力量,我国将创造出主体产业规模超过十万亿元、相关产业规模达几十万亿元的大产业集群。新能源汽车规模化,引发新能源革命,将使传统的汽车、能源、化工行业发生翻天覆地的变化,真正实现汽车代替马车以来新的百年未有之大变局。

新能源汽车技术革命正在带动相关交叉学科的大发展。从技术背景看,节能与新能源汽车的核心技术——新能源动力系统技术是当代前沿科技。中国科学技术协会发布的 2019 年 20 个重大科学问题和工程技术难题中,有 2 个(高能量密度动力电池材料电化学、氢燃料电池动力系统)属于新能源动力系统技术范畴;中国工程院发布的报告《全球工程前沿 2019》提及动力电池 4 次、燃料电池 2 次、氢能与可再生能源 4 次、电驱动/混合电驱动系统 2 次。中国在 20 年的节能与新能源汽车的研发过程中实际上已经积累了大量的新知识、新方法、新经验。"节能与新能源汽车关键技术研究丛书"立足于中国实践与国际前沿,旨在总结我国节能与新能源汽车的研发成果,满足我国节能与新能源汽车技术发展需要,反映国际节能与新能源汽车关键技术研究趋势,推动我国节能与新能源汽车关键技术转化应用。丛书内容包括四个模块:整车控制技术、动力电池技术、电机驱动技术、燃料电池技术。丛书所包含图书均为国家自然科学基金项目、国家科技重大专项或国家重点研发计划项目等支持下取得的研究成果。该丛书的出版对于增强我国新能源汽车关键技术的知识积累、提升我国自主创新能力、应对气候变化、推动汽车产业的绿色发展具有重要作用，并能助力我国迈向汽车强国。希望通过该丛书能够建立学术和技术交流的平台，让作者和读者共同为我国节能与新能源汽车技术水平和学术水平跻身国际一流做出贡献。

中国科学院院士

清华大学教授

2021 年 1 月

前言 PREFACE

　　随着全球能源危机和环境污染问题的日益严峻,寻找高效、清洁的能源解决方案已成为人类社会发展的迫切需求。在这样的背景下,质子交换膜燃料电池(proton exchange membrane fuel cell,PEMFC)作为新一代能源转换装置,以高效、环保、低噪声等优势,在交通领域展现出巨大的应用潜力和广阔的市场前景。

　　近年来,大量的先进材料和技术不断涌现,促使车用质子交换膜燃料电池的性能和稳定性得到显著提升,车用质子交换膜燃料电池逐渐走向商业化和实用化阶段。然而,要实现车用质子交换膜燃料电池的大规模商业化,关键材料的持续深入研究和开发至关重要,如催化剂和催化层、离聚物和质子交换膜、气体扩散层等关键材料和零部件的性能和稳定性直接影响燃料电池的效率和可靠性。

　　本书将深入探讨车用质子交换膜燃料电池关键材料及其应用的相关内容,旨在为读者提供一份系统、全面的参考资料,帮助读者深入了解这一领域的最新研究进展和未来发展趋势。通过对关键材料的研究进展和应用现状进行全面剖析,我们希望能够为推动新能源汽车技术的发展和清洁能源在交通领域的广泛应用做出贡献。

　　在这个充满挑战和机遇的时代,我们期待本书的出版能够激发更多科研人员、工程师和学生的兴趣,共同致力于推动车用质子交换膜燃料电池关键材料及其应用的发展,为构建清洁、高效的能源体系贡献力量。愿本书成为您探索新能源汽车未来世界的指南,引领您走向更加美好、可持续的能源未来。

　　本书由叶思宇、杜磊、邢丽欣共同编著,洪荣富、黄志寅、周扬东、彭煜钦、吴普伟、莫善云、陈俊达等参与了资料的收集和校对整理工作,在此表示感谢。本书撰写过程中参考了大量国内外文献,在此对相关作者表示衷心的感谢。本书的撰写工作得到了广东省氢能与燃料电池工程技术研究中心和广州大学黄埔氢能源创新中心全体师生的大力支持,在此表示衷心感谢。

　　由于编著者能力有限,书中难免存在遗漏和不当之处,敬请广大读者批评指正。

编著者

2025 年 1 月

目录
CONTENTS

第 1 章
绪论

当今社会,汽车产业正面临着能源结构调整和环境保护的双重挑战。为了应对气候变化、减少尾气排放以及降低对有限资源的依赖,汽车产业正在积极推动电动化。电动车辆作为清洁出行工具的代表,具有诸多优势,其中能源因素是至关重要的一环。中国作为世界第二大经济体,随着经济的快速发展,能源需求也在持续高速增长。中华人民共和国海关总署的数据显示:2018 年中国进口原油 4.62 亿吨,增长 10.1%;进口成品油 3348 万吨,增长 13%。中国已经连续两年成为全球最大的原油进口国。2019 年上半年全国汽车保有量达 2.5 亿辆,相比 2009 年的 7619 万辆,增长 3 倍多。据环保专家介绍,机动车尾气是北京空气污染的重要来源,约 22% 的 PM2.5 来自机动车尾气。随着我国汽车保有量的不断增加,车用汽、柴油消费量不断上升,汽车对能源的依赖和消耗不断提升,对环境的污染也日益严重。在这样的大背景下,汽车产业迫切需要进行一场节能降碳的产业革命,以缓解由此带来的能源危机和对环境的压力。而新能源汽车替换燃油汽车作为缓解能源危机、提高能源效率、降低环境污染的重要措施受到了世界各国的关注,发展新能源汽车产业成为解决能源危机与环境问题的必然选择。

电动车辆利用电能驱动,减少了对石油等有限资源的依赖,提高了能源利用效率,同时也为可再生能源的大规模利用提供了便利。在这一背景下,燃料电池汽车作为电动车辆的重要分支之一,展现出独特的特点和广阔的应用前景。燃料电池汽车以其高能量密度、快速加注、零排放等特点,逐渐成为长途出行和重载运输等特定场景下的理想选择。与传统的二次电池电动车辆相比,燃料电池汽车在续航里程、加注便利性等方面具有显著优势,使其在特定领域具有更广阔的应用空间。

作为低碳交通工具,燃料电池汽车(FCV)和电池电动汽车(BEV)经常被拿来比较。电池是储能设备,而燃料电池是能量转换设备,通常使用氢气储能。与锂离子电池相比,氢作为一种存储介质具有先天优势,在FCV中表现出更高的能量密度和更短的充气时间。在零摄氏度以下的温度条件下,FCV的性能也优于BEV,因为BEV的放电能力通常会大大降低。目前,对于短程(200英里以下,1英里≈1.61 km)车辆而言,FCV的成本高于BEV;但在年产量较高的情况下,与BEV的成本相比,FCV的成本与其相当或更低,尤其是对于长程(300英里以上)车辆[1]。此外,FCV的使用效率大大低于BEV,而且氢基础设施建设目前仍处于初级阶段。基于两者技术特点的差异,FCV被认为更适合重型和长途运输,以及叉车等其他商用车辆,而BEV则被认为更适合轻型和短途运输。过去二十年,随着锂离子电池技术的快速发展,再加上电网的家庭充电,BEV市场实现了大规模扩张。FCV的核心部件PEMFC还存在需要克服的技术障碍。此外,PEMFC电堆的性能、成本和耐用性也极大地影响了FCV的大规模商业化。

我国高度重视氢能和燃料电池汽车产业的发展。自2020年9月发布《关于开展燃料电池汽车示范应用的通知》以来,我国对该领域的政策支持日益加强。随后,分别于2021年8月和12月,我国批准了京津冀、上海、广东城市群以及河南、河北城市群启动示范工作。2022年3月,我国发布了《氢能产业发展中长期规划(2021—2035年)》,对氢能产业的发展进行了系统部署。经过近几年的示范推广,我国氢能及燃料电池汽车开始呈现加速发展态势。在这一过程中,越来越多的中央企业开始参与并积极发力,为我国氢能产业的巩固和发展发挥了重要作用。通过示范项目,行业企业加速技术研发和产业化攻关,取得了燃料电池系统、电堆、膜电极等核心技术的自主突破。以国家电投、东方电气集团、航天科技等为代表的中央企业,在燃料电池关键材料和部件领域形成了自主研发生产能力,打破了国外技术垄断,推动了燃料电池成本的大幅下降。截至2023年11月,我国燃料电池汽车累计销售18984辆,我国已成为全球第二大燃料电池汽车市场。燃料电池汽车的应用场景逐步丰富,涵盖了城市物流、公交、渣土运输等多个领域。中国一汽、东风公司、长安汽车等中央企业积极响应政策,深入参与示范工作,并与产业链上下游企业共同探索燃料电池汽车的潜在应用场景。加氢站方面,截至 2024 年 12 月 25 日,我国已建成运营加氢站 540 座,相比 2023 年底增加 66 座,已覆盖 31 个省(自治区、直辖市),数量位居全球首位,初步构建了完善的氢能供给体系。中国石化、中国石油、中国海油、中国三峡集团等中央企业在氢能基础设施领域不断发力,中国石化推动了加氢站建设,并启动了我国首个纯氢长输管道项目"西氢东送",旨在替代京津冀地区现有的化石能源制氢及交通用氢。

在能源结构转型的大背景下,中央企业纷纷布局氢能产业链,形成了上游制氢、中游储氢、下游用氢的发展格局。据统计,国务院国有资产监督管理委员会监管的 90 多家央企中,已有 40 多家开展了氢能相关业务或布局,涉及制氢、装备制造、基础设施、燃料电池等各个环节。这些企业已成为我国氢能产业发展的重要力量之一。

面向汽车产业,质子交换膜燃料电池(proton exchange membrane fuel cell,PEMFC)是最具应用前景的燃料电池,仍面临一些挑战。膜电极组件(membrane electrode assembly,MEA)作为 PEMFC 的核心部件,直接影响着燃料电池的性能、成本和寿命。近年来,关于 MEA 的研究逐渐受到关注,其中成本和寿命问题是最为关键的问题之一。根据美国能源部(DOE)的报告,MEA 的成本和寿命是影响燃料电池商业化的关键因素,而这些问题与关键材料的选择和性能密切相关。

典型的单个 PEMFC 通常由 MEA 和双极板(bipolar plates,BPs)组成,其中 MEA 由带微孔层(microporous layer,MPL)的气体扩散层(gas diffusion layer,GDL)、催化层(catalyst layer,CL)和质子交换膜(proton exchange membrane,PEM)组成。GDL 在调整气体分布、机械支撑和电气连接方面起着多重重要作用。其基底是一层碳纸,碳纸的表面通常附着另一层由炭黑和聚四氟乙烯(PTFE)或其他疏水剂组成的疏水层,称为微孔层,这有助于及时去除电化学反应产生的水。通过一系列耦合的物理化学过程,催化层是氢氧化和氧还原电化学反应发生的场所。导电炭黑负载的铂金材料(Pt/C)是最常用的催化剂,因为它在电化学环境中具有出色的活性和耐久性。由于铂族金属(PGM)成本高昂且资源有限,因此降低 MEA 的成本是实现燃料电池商业化的关键。目前,研究人员正在努力开发替代铂负载催化剂的新型催化材料,以降低成本并提高性能。一些潜在的替代材料包括非贵金属催化剂、过渡金属化合物和碳基催化剂等。这些新型催化材料在活性和稳定性方面取得了一定的进展,但仍需要进一步的研究和改进。此外,质子交换膜的选择也对燃料电池的性能和商业化具有重要影响。传统的质子交换膜材料是氟化聚合物,如聚偏二氟乙烯(PVDF)和聚四氟乙烯。然而,这些材料在高温和低湿度条件下的导电性能较差,限制了燃料电池的工作温度和湿度范围。因此,研究人员正在寻找新型质子交换膜材料,如磺酸聚合物、磷酸聚合物和磷酸氟化聚合物等。这些新型材料在导电性能、耐久性和热稳定性方面表现出良好的应用潜力,可以扩大燃料电池的工作范围。另外,还有一大核心问题就是 MEA 的耐久性。MEA 在长时间运行中可能会受到腐蚀、催化剂中毒和膜老化等因素的影响,导致性能下降。研究人员正在开发新的材料和设计策略,以提高 MEA 的耐久性和稳定性。例如,使用负载催化剂的方法可以减少催化剂的聚集和膜的老化,从而延长 MEA 的寿命。

综上所述,燃料电池汽车作为电动车辆的一种重要类型,在特定场景下具有优势,并且具有广阔的应用前景。然而,燃料电池汽车的发展仍面临一些挑战,包括成本、寿命和耐久性等方面。研究人员通过研究和创新,特别是在燃料电池关键材料方面进一步突破,可以推动燃料电池汽车的商业化进程,并为可持续交通的发展做出重要贡献。因此在本书中,我们将系统介绍车用质子交换膜燃料电池的组成,并深入探讨质子交换膜燃料电池在关键材料的发展及商业化应用方面所面临的挑战。

本章参考文献

[1] JIAO K,XUAN J,DU Q,et al. Designing the next generation of proton-exchange membrane fuel cells[J]. Nature,2021,595(7867):361-369.

第2章
质子交换膜燃料电池介绍及应用

2.1 引言

当前人类处于消耗以煤炭、石油、天然气为主的不可再生能源的经济发展模式中,导致日益突出的环境污染问题和温室效应。为实现人类社会的可持续发展,建立人与自然的和谐关系,发展风能、水能、太阳能、生物质能、地热能、海洋能等绿色能源,成为世界各国高度关注的课题。多数可再生能源所固有的间歇性、随机与波动性问题,导致严重的弃风、弃光、弃水等现象。氢能作为清洁能源,可存储废弃能源并推动传统化石能源向绿色能源转变,其能量密度约是石油的 3 倍、煤炭的 4.5 倍,被视为未来能源革命的颠覆性技术方向。

氢燃料电池是以氢气为燃料,通过电化学反应将燃料中的化学能直接转变为电能的发电装置,具有能量转换效率高、零排放、无噪声等优点,相应技术进步可推动氢气制备、储藏、运输等技术体系的发展升级。在新一轮能源革命驱动下,世界各国高度重视氢燃料电池技术,以支撑实现低碳、清洁发展模式。发达国家或地区积极发展氢能经济,美国制定了《全面能源战略》,欧盟制定了《欧盟氢能战略》,日本制定了《氢能燃料电池战略发展路线图》等,推动燃料电池技术的研发、示范和商业化应用[1]。我国也积极跟进氢能相关发展战略,2001 年确立的"863"计划中包括燃料电池在内的"三纵三横"战略,以及《能源技术革命创新行动计划(2016—2030 年)》和《汽车产业中长期发展规划》等国家政策文件均明确提出支持燃料电池汽车发展。2020 年,国家重点研发计划启动实施"可再生能源与氢能技术"重点专项,将重点突破质子交换膜、气体扩散层碳纸、车用燃料电池催化剂批量制备技术、空压机耐久性、高可靠性电堆等共性关键技术。国家能源局将氢能及燃料电池技术列为"十四五"时期能源技术装备重点任务[2,3]。

研究表明,氢能及氢燃料电池技术有望大规模应用在汽车、便携式发电和固定发电站等领域,也是航空航天飞行器、船舶推进系统的重要技术备选方案,但在生产成本(电解质、催化剂等基础材料)、结构紧凑性、耐久性及寿命方面面临着较大的挑战。美国能源部燃料电池技术项目研究认为,燃料电池电动汽车是减少温室气体排放、降低石油使用量的最有效路径之一,随着技术的进步,全过程生产成本和氢燃料成本将与其他类型车辆及燃料相当。优化系统控制策略、开发催化剂及其抗腐蚀载体等新型基础材料,是提高系统耐久性和寿命,进而推动氢燃料电池技术大规模商业化应用的有效路径。相关综述性研究工作报道了氢燃料电池系统在双极板、气体扩散层、催化剂、MEA、流场设计与分析等材料或组件方面的新进展[4,5]。

习近平总书记在第七十五届联合国大会一般性辩论上提出:中国二氧化碳排放力争于 2030 年前达到峰值,努力争取 2060 年前实现碳中和。积极发展氢能,引导高碳排放制氢工艺向绿色制氢工艺转变,是能源革新发展,实现碳达峰、碳中和的重要举措。氢能将是我国能源领域的战略性新兴产业,氢燃料电池技术是实现氢能利用的先决条件。

为了促进我国氢燃料电池技术产业链的全面发展,本书将对国内外氢燃料电池技术关键材料、核心组件的研发与应用现状进行分析,总结我国发展氢燃料电池技术面临的问题,梳理未来相关技术发展方向并提出保障措施和建议,以期为行业技术发展提供基础性参考。

目前,市场上有许多种类的燃料电池,燃料电池通常根据电解质材料进行分类,按电解质材料的不同,可分为酸性燃料电池、碱性燃料电池、熔融盐类或固体电解质燃料电池。按照工作温度,燃料电池可分为低温质子交换膜燃料电池、中温质子陶瓷燃料电池(proton ceramic fuel cell,PCFC)和高温固体氧化物燃料电池(solid oxide fuel cell,SOFC)。它们在输出功率、工作温度、电效率和典型应用方面有所不同。其中,PEMFC 的应用范围最大,是目前最具有应用前景的燃料电池之一,已经处于早期商业化阶段。PEMFC 是一种直接将燃料中的化学能转化为电能的能量转化装置。其中,质子交换膜能够将氢气和氧气分开,并促进质子交换和电子流动,从而实现电能的生产。PEMFC 凭借无污染、能量转化效率高、运行温度低、响应速度快等优点,在多个领域都有广泛的应用。

PEMFC 的组成部件主要包括膜电极组件、双极板和密封圈等。

(1) 膜电极组件:膜电极组件是燃料电池的核心部分,主要由质子交换膜、催化层和气体扩散层组成。质子交换膜在一定的温度和湿度条件下,只允许质子(H^+)透过,而不允许电子和其他离子透过,从而实现电池内部的电荷分离。催化层则促进电极上的氧化还原反应,同时扩散层提供气体通道并均匀地将气体分配至电极表面。

(2) 双极板:双极板是燃料电池的另一个关键部件,其主要作用是将流经板上的气体分配到膜电极的两侧。同时,双极板还具有收集电流、隔离不同气体、散热和支撑膜电极等功能。常见的双极板材料有碳纤维复合材料、金属材料和石墨等。

(3) 密封圈:密封圈的作用是防止不同气体之间相互泄漏和外部水汽等进入燃料电池内部。密封圈通常由耐腐蚀、耐高温和机械强度高的材料制成,如聚四氟乙烯。

此外,PEMFC 还有一些辅助部件,如连接器、泵、管道、控制系统等。这些部件与燃料电池的主要组成部件共同作用,实现燃料电池的正常运行和输出电力的稳定。

在原理方面,氢气流被输送到膜电极的阳极侧,并在催化剂的作用下被分解成质子和电子。质子通过质子交换膜到达阴极侧,而电子则通过外部电路到达阴极侧,产生电流。在阴极侧,氧气与质子和电子反应生成水。这个过程是电化学反应,不涉及燃烧,因此污染较少。

PEMFC 的应用非常广泛,包括但不限于以下领域:

(1) 交通运输领域。汽车制造商已经开始将 PEMFC 用于汽车动力系统的制造,提供环保和高效的交通方式。

(2) 家用电器领域。可使用 PEMFC 作为电源的家用电器,如不间断电源设备(UPS)、净化器等,既节省了电气设备成本,又节约了能源。

(3) 建筑领域。PEMFC 可以用于建筑领域的供暖和电力生产,为建筑提供清洁、高效和可持续的能源。

（4）航空航天领域。由于具有高效率和环保特性，PEMFC也常被用于航空航天领域。

（5）此外，PEMFC还可以应用于分布式能源、发电站、热电联供等领域。

PEMFC具有以下优点：

（1）能量转化效率高。通过氢氧化合作用，直接将化学能转化为电能，不通过热机过程，不受卡诺循环的限制。

（2）可实现零排放。其唯一的排放物是纯净水（包括水蒸气），没有污染物，是环保型能源器件。

（3）运行噪声低，可靠性高。PEMFC的电池组中无机械运动部件，工作时仅有气体和水的流动。

（4）移动性好，应用场景广泛。相比于高温氧化物燃料电池，其较低的工作温度允许其应用在多种可移动设备中。

（5）维护方便。PEMFC内部构造简单，电池模块呈现自然的"积木化"结构，使得电池组的组装和维护都非常方便，也很容易实现"免维护"设计。

除了以上优势之外，PEMFC发电效率受负荷变化的影响很小，非常适用于分散型发电装置（作为主机组），也适用于电网的"调峰"发电机组（作为辅机组）。同时，氢是世界上最多的元素，氢气来源极其广泛，是一种可再生的能源资源，取之不尽，用之不竭。可通过石油、天然气、甲醇、甲烷等进行重整制氢，也可通过电解水制氢、光解水制氢、生物制氢等方法获取氢气。并且目前氢气的生产、储存、运输和使用等技术均已非常成熟、安全、可靠。因此，PEMFC对解决资源短缺和环境污染问题具有非常重要的意义。

然而，尽管PEMFC具有许多优点，但其大规模产业化应用仍面临性能、成本和寿命等多方面的挑战。

总的来说，PEMFC是一种高效、环保的能源转换装置，具有广泛的应用前景。随着技术的不断进步和成本的降低，其在未来的能源结构中会占据越来越重要的地位。

2.2　PEMFC 发展史

　　PEMFC 的发展可以追溯到 20 世纪 30 年代,但直到 20 世纪 50 年代才开始有初步的商业化成果。1930—1950 年的早期研究主要是对 PEMFC 的基本原理和组件进行初步探索。1950—1980 年,PEMFC 开始进入开发和商业化阶段。在此期间,美国通用电气公司(GE)和杜邦公司(DuPont)等开始进行 PEMFC 的研发工作,并取得了一系列重要进展。随着技术的不断成熟和成本的不断下降,1980—2000 年,PEMFC 开始广泛应用于不同的领域,如汽车、电力和工业领域等。同时,政府和私人投资者也开始加大对 PEMFC 的研发和推广力度。2000 年至今是 PEMFC 持续创新和发展阶段,在这个阶段,技术的不断进步推动着 PEMFC 的广泛应用。随着对可再生能源和环保的关注度不断提高,PEMFC 作为一种清洁、高效的能源转换技术,将继续发挥重要的作用。

　　最初的燃料电池这一概念是由英国物理学家 William Robert Grove 提出的,他于 1839 年在《科学》杂志上发表了一篇证明氢氧反应发电原理的论文,并在 1842 年发表了氢氧发电装置草图,大意是氢气在铂(Pt)的催化作用下生成氢离子,氢离子通过电解液传输到氧气侧生成水,电子通过外电路传输发电,由于此发现,他被称为“燃料电池之父”。1959 年,英国工程师 Francis Thomas Bacon 演示了第一个完全可用的燃料电池,他的研究成果令人印象深刻,获得了美国国家航空航天局(NASA)的许可并被采用。继最初的燃料电池,20 世纪 50 年代末期 PEMFC 诞生,美国通用电气公司的研究员 W. Thomas Grubb 改革了原始的燃料电池,设计了一种以磺化聚苯乙烯(SPS)离子交换膜为电解质的燃料电池。三年后,美国通用电气公司的另一位研究员 Leonard Niedrach 进一步将 Pt 沉积在该膜上,由此 PEMFC 诞生,也被称为 Grubb-Niedrach 燃料电池。此后,美国通用电气公司继续与 NASA 合作开发这一技术,终于使其在 Gemini 空间项目中得到应用,这便是燃料电池的第一次商业化应用。

　　20 世纪 60 年代,NASA 在阿波罗登月飞船上首次使用燃料电池作为主电源,燃料电池因此为人类的登月做出了卓越的贡献。阿波罗号使用的碱性燃料电池总重 100 kg,总功率为 1.5 kW,电极面积约为 700 cm²。从 1968 年到 1972 年,12 次飞行任务内燃料电池没有出现任何事故。自此之后,燃料电池技术的研究引起各国重视,开始步入快速发展阶段。

20 世纪 80 年代,燃料电池能够满足城市电网无法到达的场所的使用需求,在交通运输、便携式设备等领域呈现出了可以预见的应用前景。美国杜邦公司的 Nafion 膜(一种质子交换膜)的引入,大大提升了 PEMFC 的性能和使用寿命,降低了催化剂的成本。同时,人们意识到汽车数量增加导致空气污染,在各种浪潮的推动下,有关 PEMFC 的论文的数量迅速增加。

1993 年,加拿大巴拉德动力系统公司(Ballard Power Systems)推出世界首辆以 PEMFC 为动力的车辆,燃料电池开始进军民用领域。20 世纪 90 年代,燃料电池作为清洁、廉价、可持续的能源使用方式逐渐由实验室走入寻常百姓家。波音公司于 2008 年 4 月 3 日成功试飞一架以氢燃料电池为动力源的小型飞机。波音公司称这在世界航空史上尚属首次,预示航空工业未来更加环保。但波音公司承认,这一技术不太可能为大型客机提供主要动力。目前,世界上许多医院、商场、学校等公共场所都安装了燃料电池供电设备,各国的汽车制造商也开始研发各种以燃料电池为动力的新能源车辆。

在美苏相继在航天领域取得成绩时,中国也在进行"两弹一星"计划,航天相关任务被拆解为无数个子任务,这些子任务由各个科研机构承担。国内燃料电池在 20 世纪 50 年代末期已有研究,为了航天技术的发展,中国科学院大连化学物理研究所的朱葆琳先生和袁权院士带领团队开始研制航天燃料电池系统。历经十年,该团队研发出两种航天碱性燃料电池系统,并获得国防科委尖端成果奖,此后该团队继续致力于研究燃料电池。随着太阳能电池、储能电池、核电池等技术的快速发展,燃料电池已经逐步退出航天和部分军事应用领域,但在民用领域的应用正迎来高潮,丰田 Mirai 燃料电池汽车只是起点。

PEMFC 的发展展望主要集中在以下几个方面:

(1) 技术进步。随着科学技术的不断进步,PEMFC 的技术水平将得到进一步提升。新材料、新工艺的研发和应用将进一步提高 PEMFC 的性能并延长其使用寿命,降低成本,提高可靠性。

（2）环保需求。随着全球环境问题的日益严重，各国对清洁能源的需求将不断增加。PEMFC作为一种高效、环保的能源转换技术，将在未来能源结构转型中发挥重要作用。

（3）政策支持。许多国家和地区政府已经出台了一系列政策措施，鼓励和支持PEMFC的研发和应用。未来，这些政策的力度还将会进一步加大，为PEMFC的发展提供有力保障。

（4）市场需求。随着PEMFC技术的成熟和成本的下降，其市场需求将进一步扩大。除了在汽车、电力和工业领域的应用外，PEMFC还有望在分布式发电、船舶、有轨电车等领域得到广泛应用。

（5）产业链完善。随着PEMFC的普及和应用，其上下游产业链将逐渐完善，包括原材料供应、设备制造、燃料生产、电力供应等方面。这将为PEMFC的发展提供有力支持。

（6）PEMFC的研究是一个不断创新和进步的过程，随着技术的不断发展，PEMFC的成本会不断下降。在未来，PEMFC有望在能源结构转型、环保和可持续发展等方面发挥重要作用，成为未来能源技术的重要发展方向之一。

2.3　PEMFC结构和原理

PEMFC也被称为聚合物电解质膜燃料电池，其结构和工作原理如图2.1所示，由双极板、气体扩散层、催化层和质子交换膜组成。其中，气体扩散层、催化层和质子交换膜组成PEMFC的"心脏"，即膜电极。氢气经过双极板的分配和运输，通过气体扩散层，到达阳极催化层，在此被氧化为H^+，同时产生自由电子，即氢氧化反应（hydrogen oxidation reaction，HOR）。质子经质子交换膜迁移至阴极催化层，与氧气结合，生成水，即氧还原反应（oxygen reduction reaction，ORR）。反应如下：

$$阳极反应：2H_2 \longrightarrow 4H^+ + 4e^- （HOR）$$

$$阴极反应：O_2 + 4H^+ + 4e^- \longrightarrow 2H_2O（ORR）$$

$$总反应：2H_2 + O_2 \longrightarrow 2H_2O$$

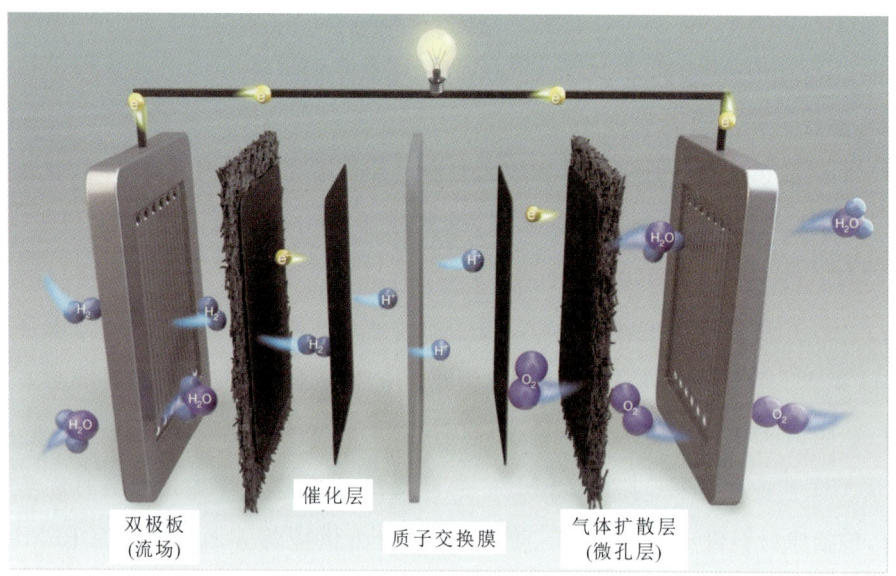

双极板
(流场)

催化层

质子交换膜

气体扩散层
(微孔层)

图 2.1　PEMFC 结构和工作原理示意图[6]

2.4　PEMFC 关键零部件

2.4.1　催化层

　　催化层是直接决定电池性能与寿命的关键组件之一,也是电池规模化商用的核心。催化层涉及复杂的多物理场和多尺度耦合的输运及反应过程。PEM-FC 内部存在复杂的传输反应过程,如图 2.2 所示,反应物(氢气、氧气)首先沿气体通道流动,然后在对流和扩散的作用下依次穿过气体扩散层,之后到达催化层,最终在催化层的三相边界(triple-phase boundary,TPB)处发生氧化还原反应,生成水并放出热量。由此可见,催化层不仅是发生两相流动与物质输运过程的场所,同时还伴随有电化学反应与产热,是电池中最复杂的关键组件之一。

　　催化层一般由碳载体、催化剂、离聚物和孔隙组成(详细内容见第 3 章)。对其研究主要集中在提高催化剂活性、降低催化剂成本、优化催化层结构等方面。在催化剂方面,铂(Pt)是目前最常用的催化剂,但其成本较高,因此,研究

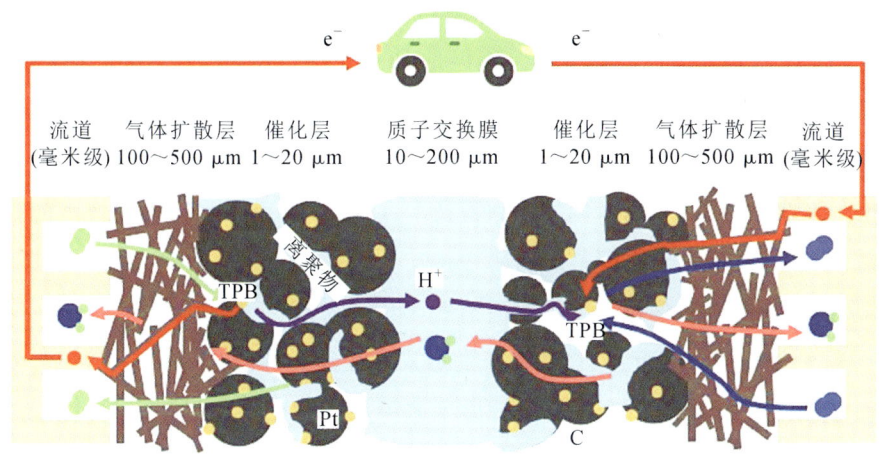

流道　气体扩散层　催化层　　质子交换膜　　催化层　气体扩散层　流道
(毫米级) 100~500 μm 1~20 μm　10~200 μm　1~20 μm 100~500 μm (毫米级)

质子 ●→ 电子 ●→ 水 ● 氧气 ●→ 氢气 ●→

图 2.2　膜电极内物质传输与电极反应示意图[7]

低成本、高活性的低载量贵金属甚至非贵金属催化剂是重要的研究方向。同时，通过优化催化剂的粒径、形貌和结构，也可以提高催化剂的活性。在催化层结构方面，目前的研究主要集中在有序化催化层方面。有序化催化层可以降低催化层中的传质阻力，提高电池效率。此外，催化层的制备方法也是研究的重要方向。常用的制备方法包括刮涂、喷涂、化学气相沉积法、电化学沉积法等。优化制备方法可以提高催化层的均匀性、致密性和稳定性，从而提升电池性能。

典型的电极制备方式是将分散良好的油墨沉积到基底上，等溶液蒸发后，Pt 颗粒、碳载体与离聚物形成一个复杂的多孔结构。碳载体为 Pt 颗粒提供支撑，同时传导电子；离聚物为质子提供传导路径，并影响气液两相扩散；孔隙为反应物和产物的传输提供通路；Pt 颗粒则是电化学反应的催化位点。电化学反应在由离聚物、气体和催化剂组成的三相边界处发生，三相边界越多，电池性能越高。催化层的传输与反应能力共同决定了电池性能的高低。

2.4.2　催化剂

在 PEMFC 电堆中，电极上氢的氧化反应和氧的还原反应过程与催化剂活性和稳定性直接相关。催化剂是影响氢燃料电池活化极化的关键因素，被视为氢燃料电池的关键材料，影响着氢燃料电池汽车的整车性能和使用经济性。催化剂选用需要考虑工作条件下的耐高温和抗腐蚀问题,常用的是负载型催化剂Pt/C(Pt 纳米颗粒分散到碳载体上),但是 Pt/C 在长期服役过程中可能会存在Pt 颗粒溶解、迁移、团聚、碳载体腐蚀等问题与挑战。此外,Pt 是贵金属,从商业化的角度看不宜继续作为常用催化剂成分。因此,为了提高性能、减少用量,一般采取小粒径的 Pt 纳米化分散制备技术。然而,Pt 纳米颗粒表面自由能高,碳载体与 Pt 纳米粒子之间是弱的物理相互作用;小粒径 Pt 颗粒会摆脱载体的束缚,迁移到较大的颗粒上被兼并而消失,大颗粒得以生存并继续增长;小粒径Pt 颗粒更易发生氧化反应,以铂离子的形式扩散到大粒径 Pt 颗粒表面而沉积,进而导致团聚。鉴于此,科研人员开发了多种新型催化剂,包括 Pt 与过渡金属合金催化剂、Pt 核壳催化剂、Pt 单原子层催化剂及单原子催化剂等。这些催化剂最显著的变化是通过调控 Pt 纳米颗粒的几何空间分布,显著减少了 Pt 的使用量,同时提高了 Pt 的利用率、质量比活性(mass activity,MA)、面积比活性(specific activity,SA),并增强了抗 Pt 溶解能力。通过碳载体掺杂氮、氧、硼等杂质原子,增强 Pt 颗粒与多种过渡金属(如 Co、Ni、Mn、Fe、Cu 等)的表面附着力,在提升耐久性的同时也利于增强含 Pt 催化剂的抗迁移及团聚能力。

如图 2.1 所示,在 PEMFC 中,催化层位于质子交换膜的两侧,促进氢、氧在电极上的氧化还原过程,提高反应速率。从燃料电池极化曲线可以看出,为提高燃料电池性能,首先要降低活化极化,而活化极化则主要与催化剂活性密切相关。

催化剂在 PEMFC 中分为阳极催化剂和阴极催化剂,分别为 HOR 和 ORR提供反应场所,并降低反应的活化能,提高反应速率。在阳极,由于 H_2 在 Pt 上的电氧化动力学过程非常快,因此一般认为 Pt 是目前用于 HOR 催化反应最好的催化剂,如果采用高分散的 Pt/C 催化剂,则当 Pt 载量低于 0.05 mg/cm^2 时,PEMFC 的性能并不会明显降低。对于阴极,ORR 过程复杂,中间产物多,如生成过氧化氢,反应速率远低于阳极 HOR,是燃料电池总反应的控制步骤。目前,Johnson Matthey 生产的质量分数为 40% 的 Pt/C 催化剂在 0.9 V 时的ORR 质量比活性为 0.21 A/mg,面积比活性为 0.32 mA/cm^2,与美国能源部2025 年的目标(MA@0.9 V=0.44 A/mg;SA@0.9 V=0.72 mA/cm^2)相差甚远[8,9]。

在实际应用中,Pt基纳米催化剂仍然是当前最可行的ORR催化剂。然而,贵金属Pt的储量有限、价格高昂、电化学稳定性较差,且易被毒化,这些问题严重制约了PEMFC的应用与发展。针对目前商用催化剂的高成本问题,提高催化剂的活性和耐久性、减少贵金属用量、有效降低PEMFC的制造成本成为近年来的研究热点。常用的降低Pt用量的方法有调控晶体结构、掺杂过渡金属元素形成合金、控制其形貌(如核壳结构)、开发低贵金属/非贵金属催化剂等(详细内容见第3章)。氧还原催化剂的主要研究方向包括Pt-M催化剂、特殊形貌的Pt合金催化剂、单原子催化剂和非贵金属催化剂等,上述四类新型催化剂的特点如表2.1所示。

表2.1 四类新型催化剂特点对比

类型	定义	优点	举例
Pt-M催化剂	Pt与过渡金属合金催化剂	过渡金属和铂之间的电子与几何效应,在提高稳定性的同时提高了质量比活性,减少了贵金属用量	Pt-Co/C、Pt-Fe/C、Pt-Ni/C等
特殊形貌的Pt合金催化剂(以Pt核壳催化剂为例)	以非铂材料作为支撑核、表面贵金属作为外壳的催化剂	降低铂的用量,提高质量比活性,是下一代催化剂的发展方向之一	采用脱合金法制备的Cu-Co/C@Pt核壳催化剂等
单原子催化剂	活性组分以单个金属原子的形式均匀分散并固载于载体表面的催化剂	有效降低贵金属用量,提高贵金属利用率	单原子分散的Pt、Ru等
非贵金属催化剂	主要有过渡金属原子簇合物、过渡金属氮化物和碳化物	显著降低催化剂成本	Fe/N/C催化剂、Co-Mo-N催化剂等

为了进一步减少Pt用量,无Pt的单/多层过渡金属氧化物催化剂、纳米单/双金属催化剂、碳基可控掺杂原子催化剂、M-N-C纳米催化剂、石墨烯负载多相催化剂、纳米金属多孔框架催化剂等成为领域研究热点。但这些新型催化剂在氢燃料电池实际工况下的综合性能,如稳定性、耐蚀性、氧还原反应催化活

性、质量比活性、面积比活性等,还需要继续验证。美国 3M 公司基于超薄层薄膜催化技术研制的 Pt/Ir(Ta)催化剂,已实现在阴极、阳极平均低至 0.09 mg/cm² 的铂用量,催化功率密度达到 9.4 kW/g(150 kPa 反应气压)、11.6 kW/g(250 kPa 反应气压)。德国大众汽车集团牵头研制的 PtCo/HSC(高比表面积碳)也取得重要进展,催化功率密度、散热能力均超过了美国能源部制定的规划目标值(2016—2020 年)[10]。后续,减少 Pt 基催化剂用量、提高功率密度(催化活性)及基于此目标的 MEA 优化制备,仍是降低氢燃料电池系统商用成本的重要途径。

2.4.3 质子交换膜

质子交换膜(PEM)是燃料电池的核心组件之一,其主要作用是传导氢离子。目前,全氟磺酸质子交换膜,如 Nafion 膜是应用最广泛的质子交换膜,具有较高的质子传导率和化学稳定性,但同时也存在成本高、吸水性强、易降解、溶胀等问题。因此,研究新型质子交换膜材料是当前的重要研究方向。近年来,一些新型质子交换膜材料被报道,如聚合物复合膜、杂化膜、碳基质子交换膜等。这些新型膜材料具有较高的质子传导率、较低的成本和较好的化学稳定性。其中,聚合物复合膜和杂化膜可以通过将聚合物和无机粒子进行复合来提高膜的机械性能和化学稳定性,而碳基质子交换膜则可以利用碳材料的优良导电性和化学稳定性,提高膜的性能和稳定性。

通常,PEM 需要满足以下条件:较高的质子传导能力,在使用条件下质子传导率需大于 0.1 S/cm;尽可能低的电子传导能力,隔绝电子传导有助于开路电压的提升,从而保证电池的效率;具有良好的气体阻隔能力,干湿转换性能好;具有良好的机械性能和尺寸稳定性,溶胀率低;具有良好的化学稳定性和热稳定性;环境友好,价格低廉,易加工成形。

科学家们研究了不同种类的 PEM,以满足以上要求。按照氟化程度具体可分为全氟磺酸质子交换膜、部分氟化质子交换膜、非氟化质子交换膜,以及复合质子交换膜。其中,全氟磺酸质子交换膜利用碳氟主链的疏水性和侧链磺酸端基的亲水性,实现 PEM 在润湿状态下的微相分离,具有质子传导率高、耐强酸强碱等优异特性,预计将在未来 5~10 年中继续发挥主导作用。当前,PEM

的优化方向主要包括更高的质子电导率(尤其是在低湿度条件下)、更好的电化学和机械稳定性,以及更优的热稳定性。全氟磺酸质子交换膜的制备方法主要包括溶液浇铸法、热致相分离法、辐射接枝法等。这些方法各有优缺点,研究人员正在不断探索新的制备方法和工艺,以提高膜的性能并降低成本。通过改性可以改善全氟磺酸质子交换膜的润湿性、机械性能、化学稳定性等,从而提高其在燃料电池等领域的性能,改性方法包括表面改性、掺杂改性、纳米复合改性等。代表性产品有美国杜邦公司的 Nafion 系列膜、陶氏集团的 Dow 膜、3M 公司的 PAIF 膜,日本旭化成株式会社的 Aciplex 膜、旭硝子株式会社的 Flemion 膜,加拿大巴拉德动力系统公司的 BAM 膜,这些膜的差异主要在于全氟烷基醚侧链的长短、磺酸基的含量。我国武汉理工新能源有限公司、新源动力股份有限公司、上海神力科技有限公司、东岳集团有限公司已具备全氟磺酸质子交换膜产业化的能力。

此外,商业化 PEM 呈现出不断减薄的趋势,超薄 PEM 一方面缩短了质子传输距离、降低了质子传递阻抗,另一方面缩短了水传输距离,有助于实现自增湿、避免"膜干"现象。同时,质子交换膜减薄后所带来的机械强度、化学腐蚀等方面的问题也已获得了较好的解决(详细内容见第 4 章)。此外,为了耐高温、抗无水并具有较高的质子传导率,高温 PEM、高选择性 PEM、石墨烯改性膜、热稳定 PEM、碱性阴质子交换膜、自增湿功能复合膜等成为近年来的研究热点。

2.4.4　气体扩散层

在氢燃料电池的电堆中,空气与氢气通入到阴、阳极上的催化层还需要穿越气体扩散层(GDL)。如图 2.1 所示,GDL 通常由微孔层、基底层或支撑层组成,图中 GDL 基底为碳纤维材料,表面黑色部分为微孔层。GDL 起到电流传导、散热、水管理、反应物供给的作用,因此需要具有良好的导电性、高化学稳定性、热稳定性,还应有合适的孔结构、柔韧性、表面平整性及高机械强度。这些性能对催化层的电催化活性、电堆能量转换至关重要,是 GDL 结构和材料性能的体现。微孔层通常由炭黑、疏水剂构成,厚度为 $10\sim100\ \mu m$,用于改善基底孔隙结构、降低基底与催化层之间的接触电阻、引导反应气体快速通过扩散层并均匀分布到催化层表面、排走反应生成的水以防止"水淹"现象的发生。因编织碳布、无纺布碳纸具有很高的孔隙率和足够的导电性,在酸性环境中也有良好的稳定性,故支撑层材料主要是多孔的碳纤维纸、碳纤维织布、碳纤维无纺布、炭黑纸。碳纤维纸的平均孔径约为 $10.0~\mu m$,孔隙率为 $0.7\sim0.8$,制造工艺成熟、性能稳定、成本相对较低,是支撑层材料的首选。碳纤维纸在应用前需进行疏水处理,确保 GDL 具有适当的水传输特性,通常将其浸入疏水剂(如 PT-FE)的水分散溶液中,当内部结构被完全浸透后转移至高温环境中进行干燥处理,从而形成耐用的疏水涂层。为进一步提高碳纤维纸的导电性,可能还会进行额外的碳化、石墨化处理。

从功能角度看,GDL 均匀地将反应气体从流场引导至催化层,确保组件的机械完整性,并以一定的速度排除阴极上的反应产物(水),防止阴极催化层发生"水淹"现象,也避免失水过多导致阴极组件干燥,从而降低各离子的传导率。因此,发生在 GDL 上的过程有热转移过程、气态输运过程、两相流过程、电子输运过程、表面液滴动力学过程等。

GDL 是燃料电池的水管理"中心",对水的有效管理能够提高燃料电池的稳定性、经济性;燃料电池对水的控制可以通过水管理系统的增湿器或自增湿 PEM 来部分实现,但主要还靠 GDL 的作用。GDL 的厚度、表面预处理会影响传热和传质阻力,是整个氢燃料电池系统浓差极化、欧姆极化的主要源头之一,通常以减小 GDL 厚度的方式来降低浓差极化、欧姆极化,但也可能导致 GDL 机械强度不足。因此,研制亲疏水性合理、表面平整、孔隙率均匀且高强度的 GDL 材料,对氢燃料电池极为关键。

目前,GDL 的研究主要集中在以下几个方面:

(1)材料研究。目前气体扩散层常用的材料包括碳纤维纸、碳纤维织布、非织造布及炭黑纸等。但这些材料在某些方面仍存在不足,因此,新型材料的研究正在进行中,以寻找更轻质、高强度、高导电性能和耐腐蚀的材料。

(2)制备工艺研究。为了提高气体扩散层的性能,研究者们正在探索新的制备工艺,如 3D 打印技术、纳米技术等,以提高气体扩散层的孔隙率、导电性能和机械强度。

(3)传质过程研究。气体扩散层中的传质过程是影响燃料电池性能的重要因素。研究者们正在深入研究气体扩散层中的传质机理,以优化气体扩散层的结构和提高燃料电池的效率。

（4）排水性能研究。在燃料电池运行过程中,水会在气体扩散层中积累,影响气体扩散层的性能。研究者们正在研究气体扩散层的排水性能,以提高燃料电池的稳定性和寿命。

（5）应用研究。随着对燃料电池的关注度不断提高,气体扩散层的应用领域也在不断扩大。除了在燃料电池领域的应用外,气体扩散层还可以应用于其他领域,如传感器、电化学反应器等。

（6）数值模拟研究。为了更好地理解气体扩散层的性能和行为,研究者们还采用了数值模拟的方法进行研究。例如,通过建立数学模型和数值计算方法,模拟气体扩散层的传质、排水和热传导等行为,从而为实际应用提供理论支持和技术指导。当前,商业化的气体扩散层一般被细分为碳纤维层和微孔层,二者具有不同的孔径和分布。未来,为进一步促进反应气的扩散与反应产物（水）的排出,具有梯度化孔径的气体扩散层有望在流场与催化层之间建立更有效的桥梁,这可以通过控制碳纤维的排列来实现。此外,近来的研究热点基于金属或石墨烯多孔泡沫的一体化双极板将传统双极板和气体扩散层合为一体,也可以很好地实现梯度化孔径设计。

对 GDL 的研究,除了材料制备外,还有关于由压缩、冻融、气流、水溶造成的机械降解以及燃料电池启动、关闭和"氢气饥饿"时的碳腐蚀造成的化学降解等的性能退化研究。此外,为促进 GDL 材料设计与开发,研究者们利用中子照相技术、X 射线计算机断层扫描技术、光学可视化技术、荧光显微术等手段来可视化 GDL 材料结构和表面水的流动状态,并利用随机模型法、两相流模型数字化重构 GDL 的宏观形貌（孔隙）结构;为研究 GDL 的气-液两相流行为,研究者们还多次运用双流体模型、多相混合模型、格子玻尔兹曼方法、孔隙网络模型、流体体积（VOF）法等。

有关 GDL 的技术已相当成熟,目前所面临的挑战是大电流密度下水气通畅传质的技术问题和大批量生产问题,而且生产成本依然居高不下;商业稳定供应的企业主要有加拿大巴拉德动力系统公司、德国 SGL 集团、日本东丽株式会社和美国 E-TEK 公司。日本东丽株式会社早在 1971 年就开始进行碳纤维产品的生产,是全球碳纤维产品的最大供应商,其他公司主要以该公司的碳纤维产品为基础材料进行生产。

2.4.5　双极板

氢燃料电池中的双极板（BPs）又称流场板，图 2.1 展示了具有平行流场通道的金属双极板结构。双极板主要起到分隔反应气体、除热、排出化学反应产物（水）的作用，需满足电导率高、导热性和气体致密性好、机械性能和耐蚀性优良等要求。在当前的生产技术条件下，双极板在整个氢燃料电池电堆中的质量占比接近 60%，同时其成本占比也超过了 10%。根据基体材料种类的不同，双极板可分为石墨双极板、金属双极板、复合材料双极板。石墨双极板具有优异的导电性和抗腐蚀能力，技术最为成熟，是双极板商业应用最为广泛的碳质材料，但机械强度差、厚度难以减小，在紧凑型、抗冲击场景下的应用较为困难。因此，更具性能和成本优势的金属双极板成为发展热点，如主流的金属双极板厚度不大于 0.2 mm，体积和质量明显减小，电堆功率密度显著增加，兼具延展性良好、导电和导热性能优、韧性高等特点。当前，主流的氢燃料电池汽车公司（如本田、丰田、通用等品牌）都采用了金属双极板产品。双极板具有以下功能和性质：分隔燃料与氧化剂，阻止气体透过；收集、传导电流，电导率高；通过设计与加工的流场通道，可将气体均匀分配到电极的反应层进行电极反应；有效排出热量，保持电池内部温度分布均匀；耐腐蚀、抗冲击和抗震动；厚度小、质量轻；成本低，容易机械加工，适合批量制造；等等。

金属双极板耐蚀性较差，在酸性环境中金属易溶解，浸出的离子可能会毒化膜电极组件；随着金属离子溶解度的增加，欧姆电阻增加，氢燃料电池输出功率降低。为解决耐腐蚀问题：一方面可在金属双极板表面涂覆耐腐蚀的涂层材料，如贵金属、金属化合物、碳类膜（类金刚石、石墨、聚苯胺）等；另一方面是研制复合材料双极板。复合材料双极板由耐腐蚀的热固性树脂、热塑性树脂聚合物材料、导电填料组成，导电填料颗粒可细分为金属基复合材料、碳基复合材料（如石墨、碳纤维、炭黑、碳纳米管（CNT）等）。新型聚合物/碳基复合材料双极板成本低、耐蚀性好、质量轻，是金属双极板、纯石墨双极板的替代品。为了降低双极板的生产成本以满足实际需求，液压成形、压印、蚀刻、高速绝热、模制、机械加工等制造方法不断发展。双极板供应商主要有美国 GrafTech 国际有限公司、步高石墨有限公司,日本藤仓工业株式会社,德国 Dana 公司,瑞典 Cell Impact 公司,英国 Bac2 公司,加拿大巴拉德动力系统公司等。

双极板材料大致可分为三类:碳质材料、金属材料及金属与碳质的复合材料。具体来说,碳质材料包括石墨、模压碳材料及膨胀(柔性)石墨。传统双极板采用致密石墨,经机械加工制成气体流场通道。金属材料(包括铝、镍、钛等不锈钢)可用于制作双极板,金属双极板易加工,可批量制造,成本低,厚度小。复合材料质量较轻,理化性能优秀,成本高,导电性欠佳,技术要求高。

双极板的研究涉及多个方面,包括材料、表面改性、流场通道设计、制造工艺和应用等。目前,双极板的研究主要集中在以下几个方面:

(1)材料研究。双极板材料的选择对于燃料电池的性能和寿命具有重要影响。目前,国内外的研究者正在探索各种新型材料,如碳纤维复合材料、金属材料、聚合物复合材料等,以提高双极板的耐蚀性、导电性和机械强度等性能。

(2)表面改性研究。为了提高双极板的表面性质,研究者们正在研究各种表面改性技术,如电镀、化学镀、喷涂、溶胶-凝胶法等,以提高双极板的表面导电性、耐蚀性和抗摩擦性能等。

(3)流场通道设计研究。双极板的流场通道设计对于燃料电池的电流传导、气体分布和排水性能等方面都具有重要影响。目前,研究者们正在研究各种流场通道设计,如直线形、螺旋形、网状流场通道等,以提高燃料电池的性能和稳定性。

(4)制造工艺研究。双极板的制造工艺对于其性能和成本具有重要影响。目前,研究者们正在研究各种制造工艺,如热压成形、注射成形、电化学加工等,以提高双极板的制造效率和降低成本。

(5)应用研究。随着燃料电池的商业化应用,双极板的应用领域也在不断扩大。除了在燃料电池汽车和无人机等领域的应用外,双极板还可以应用于便携式电源、分布式发电等领域。

2.5 PEMFC 的实际应用

PEMFC 是目前发展规模最大的一种燃料电池,具有对环境无污染、能量转换效率及功率密度较高、排放及热辐射低以及噪声污染小等优势。随着研究的深入,PEMFC 在性能、寿命及成本方面得到了长足的发展,并在交通、便携式电源以及分布式发电等领域得到了广泛的应用。

汽车是 PEMFC 在交通领域的一个重要应用,其进一步的发展有利于减少各国对化石能源的过度依赖,有助于我国实现碳达峰、碳中和的目标。目前全世界的汽车销售量处在快速增长的阶段,2021 年,全球汽车销售量在 8105 万辆左右,预计到 2025 年底将会超过 11000 万辆。传统汽车以汽油和柴油为动力源,其燃烧会产生大量污染空气的有害气体,由此带来了汽车燃油短缺和环境污染等问题。因此,PEMFC 汽车的发展有望解决全球的能源短缺和环境污染两大问题。

近年来,美国、欧盟、日本和韩国等都投入了大量的资金和人力推动燃料电池汽车的研究。通用、福特、克莱斯勒、丰田、本田、奔驰等公司都相继研发出燃料电池汽车。美国是燃料电池研发和示范的主要国家,从 20 世纪 90 年代开始,在美国能源部、交通部和环保局等政府部门的大力支持下,美国诸多知名汽车厂商(例如通用、福特等)都加大了对燃料电池技术的研发与实验力度。加拿大也拥有诸多著名的燃料电池品牌,其中巴拉德动力系统公司更是燃料电池行业的领头羊。

2007 年秋季,美国通用汽车公司启动了 Project Driveway 计划,将 100 辆雪佛兰 Equinox 燃料电池汽车投放到消费者手中,到 2009 年总行驶里程达到了 160 万公里;2007 年,通用汽车宣布开发全新一代氢燃料电池系统,新系统与雪佛兰 Equinox 燃料电池汽车上的燃料电池系统相比,体积缩小了一半,质量减轻了 100 kg,铂用量仅为原来的 1/3;2011 年,美国燃料电池混合动力公共汽车实际道路示范运行单车寿命超过 1.1 万小时。燃料电池叉车可在室内使用,具有噪声低、零排放等优点。美国在燃料电池混合动力叉车方面也进行了大规模示范,截至 2011 年,美国大约有 3000 台燃料电池叉车,寿命达到了 1.25 万小时的水平;在客车方面,从 2014 年 8 月到 2015 年 7 月,美国燃料电池客车总计运行里程超过 104.5 万英里,运行时间超过 83000 h,其技术可靠性得到了验证。

2003 年至 2010 年,欧洲的 10 个城市示范运行了 30 辆第一代戴姆勒燃料电池客车,累计运行130万英里。但是第一代纯燃料电池客车的寿命只有2000h,经济性较差。戴姆勒集团于2009年开始推出第二代轮毂电机驱动的燃料电池客车,主要性能达到了国际先进水平,其经济性大幅度提高,电池寿命达到1.2万小时。2013年初,德国宝马公司决定与日本丰田汽车公司合作,由丰田汽车公司向宝马公司提供燃料电池技术并开展研究。2015年,德国各主要汽车和能源公司与政府共同在全国修建了PEMFC关键材料与技术工厂并铺建燃料加注管路,已建成50个加氢站,为全国5000辆燃料电池汽车提供加氢服务。

日本在燃料电池技术领域的进展始终保持着竞争力。丰田汽车公司的2008年版FCHV-adv燃料电池汽车在实际测试中,能够在−37 ℃低温环境下顺利启动,一次加氢行驶里程达到30 km,其百公里耗氢量为0.7 kg。2014年12月,丰田发布了第一代Mirai燃料电池汽车,根据丰田的官方数据,第一代Mirai燃料电池系统最高输出功率为113 kW,电堆最高输出功率为114 kW,体积功率密度为3.1 kW/L,搭载2个70 MPa Ⅳ型瓶,容量分别为60 L和62.4 L,合计质量为4.6 kg,质量储氢密度为5.7%(质量百分数),氢气加注时间约为5 min,续航里程约为650 km,该车完全能满足当前日常行车需求。第一代Mirai成为首款投放市场的燃料电池汽车,而2020年的第二代Mirai燃料电池汽车的性能进一步提高,最大的改变在于搭载了3个70 MPa Ⅳ型瓶,容量分别为64 L(前)、52 L(中)和25 L(后),合计质量为5.6 kg,质量储氢密度为6.0%(质量百分数)。因此,第二代Mirai的最大续航能力提升30.7%,从650 km提升至850 km。系统最高输出功率提升18.6%,体积功率密度提升41.9%。第二代Mirai燃料电池汽车在燃料电池电堆和系统方面也有提升。燃料电池系统最高输出功率由113 kW提升至134 kW,电堆最高输出功率由114 kW提升至128 kW,体积功率密度由3.1 kW/L提升至4.4 kW/L,保持行业领先水平。日本政府宣布了关于氢能汽车发展计划,计划到2020年保有4万辆燃料电池汽车,2025年达到20万辆,2030年达到80万辆,并同时配有8000个加氢站[11]。

我国科技部于1997年批准将燃料电池技术列为国家"九五"重点科技攻关项目之一,以中国科学院大连化学物理研究所为牵头单位,在国内全面开展研究,并于2001年1月成功研制了30 kW的PEMFC电动汽车。中国的燃料电池汽车技术研发也取得重大发展,初步掌握了整车、动力系统与关键部件的关键技术,基本建立了具有自主知识产权的燃料电池轿车与燃料电池城市客车动力系统技术平台,实现了百辆级动力系统与整车的生产能力[12,13]。

目前,中国的燃料电池汽车正处于商业化示范运行与应用阶段。2008年,20辆由我国自主研制的氢燃料电池轿车服务于北京奥运会,这批氢燃料电池轿车是基于大众帕萨特领驭的车型,通过改制和集成最新一代燃料电池轿车动力系统平台而成功研发出来的,属于我国第四代拥有完全自主知识产权的氢燃料电池轿车。2010年,上海世界博览会上成功运行了近200辆具有自主知识产权的燃料电池汽车,其中,100辆观光车装有5 kW燃料电池系统。70辆轿车装载的是国内研发的燃料电池系统,分别采用55 kW和33 kW两种类型的燃料电池发动机,前者是常规电混合模式,后者是plug-in模式,平均单车运行里程为4500~5000 km,最长的单车运行累积里程达到10191 km。3辆大巴车装载的是"863"计划节能与新能源汽车重大项目资助的80 kW燃料电池发动机,累计运行了15674 km,最长单车运行累积里程为6600 km。上汽集团拥有燃料电池汽车的整车技术,其2015年研发的荣威950 Fuel Cell插电式燃料电池汽车以动力蓄电池加氢燃料电池系统作为双动力源,氢燃料电池系统为主动力源,整车匀速续航里程可达400 km,并能在−20 ℃的低温环境下启动。

2016年5月,宇通第三代燃料电池客车问世,其加氢时间为10 min,续航里程超过600 km。宇通表示,推出的第四代燃料电池产品的性能将再上一级;2017年,上汽大通FCV80氢燃料电池轻客正式上市,采用了"氢燃料电池+永磁同步电机"的模式,匹配了35 MPa的供氢系统,车上携带的储氢罐可储存6.2 kg液态氢。该车单次加氢仅需要3~5 min,40 km/h等速续航里程为438 km;2017年4月上海车展,福田欧辉氢燃料电池客车正式上市发售,并斩获批量订单。福田欧辉多款氢燃料电池客车也被投用于2022年的北京-张家口冬奥会。技术方面,该氢燃料电池客车加氢仅需10 min,续航里程可达500 km。宇通也一直致力于燃料电池客车的开发。

燃料电池汽车的动力源是燃料电池系统,其核心技术也在于燃料电池系统,因此燃料电池系统的技术成熟与否决定了燃料电池汽车的发展前景。与国际燃料电池汽车技术发展水平相比,我国车用燃料电池电堆整体发展程度仍处于起步阶段,技术水平与国际先进水平仍有差距。国内外燃料电池电堆技术与产业化对比情况如表2.2所示。氢燃料电池汽车无污染,可实现零排放,是新一代清洁能源汽车,我国应大力发展氢燃料电池汽车,加大政策扶持力度,尽快突破关键技术瓶颈,大力推进示范营运,注重开展示范效果评估,完善标准法规体系,全面提高测试评价能力,尽快掌握核心技术,建立健全生产配套体系和法规体系,迎头赶超发达国家。

表 2.2 国内外燃料电池电堆技术与产业化对比情况表

指标	项目	
	我国技术与产业化情况	国际技术与产业化情况
系统功率/kW	>100	≤60
功率密度/(kW/L)	3.1(金属双极板电堆)	2.7(金属双极板电堆) 2.0(石墨双极板电堆)
冷启动温度/℃	−30	−20
铂载量/(g/kW)	0.115	0.25
耐久性/h	5000(金属双极板电堆) 2.5万(石墨双极板电堆)	5000(金属双极板电堆) 1万(石墨双极板电堆)
产业化情况	批量化生产	小规模量产,且测试技术、设备能力有限

本章参考文献

[1] 汪学慧,汪学森.氢燃料电池原理与氢燃料电池汽车的发展前景[J].汽车维修与保养,2023(10):55-57.

[2] 张浩.氢储能系统关键技术及发展前景展望[J].山东电力高等专科学校学报,2021,24(2):8-12.

[3] 杨帅.我国氢能及燃料电池汽车产业如何实现高质量发展?[J].汽车与配件,2024(5):33-35.

[4] SAZALI N,SALLEH W N W,JAMALUDIN A S,et al. New perspectives on fuel cell technology:A brief review[J]. Membranes,2020,10(5):99.

[5] XING L,SHI W D,SU H N,et al. Membrane electrode assemblies for

PEM fuel cells：A review of functional graded design and optimization [J]. Energy, 2019, 177：445-464.

[6] JIAO K, XUAN J, DU Q, et al. Designing the next generation of proton-exchange membrane fuel cells［J］. Nature, 2021, 595（7867）：361-369.

[7] 郝明晟，李印实，何雅玲. 质子交换膜燃料电池催化层模型研究进展与展望[J]. 科学通报，2022, 67(19)：2192-2211.

[8] SHAO M H, CHANG Q W, DODELET J P, et al. Recent advances in electrocatalysts for oxygen reduction reaction［J］. Chemical Reviews, 2016, 116(6)：3594-3657.

[9] WANG Y, CHEN K S, MISHLER J, et al. A review of polymer electrolyte membrane fuel cells：Technology, applications, and needs on fundamental research[J]. Applied Energy, 2011, 88(4)：981-1007.

[10] 高助威，李小高，刘钟馨，等. 氢燃料电池汽车的研究现状及发展趋势[J]. 材料导报，2022, 36(14)：74-81.

[11] 张彩平，余宁，尹香香. 碳资产价值创造机制研究——以丰田汽车公司为例[J]. 财会月刊，2023, 44(16)：106-115.

[12] 黄琳，赵毅. 2023上海车展收官:新能源技术扎堆涌现　电动化趋势明显[N]. 中国经营报,2023-05-01(C05).

[13] 蒋钦云. 碳中和背景下,中日韩能源合作战略思考[J]. 中国能源，2021, 43(9)：74-79,67.

第 3 章
PEMFC 催化剂和催化层

3.1 引言

电催化剂是确保氢能作为可持续能源的关键组成部分。通常根据 Sabatier 原理确定新电极材料的反应活性,并结合密度泛函理论(density functional theory,DFT)确定固体表面的催化活性,以预测新电极材料在燃料电池大量全面应用中的表现。人们采用廉价、活性高、储量高、环境友好并且稳定的电催化剂,致力于为电解槽和燃料电池开发低成本、高效的电催化剂,以用于大规模设备生产。

新的电催化纳米材料,如金属、金属氧化物和非金属已经在不同的介质中被广泛合成,重点是要了解如何控制其几何形状、尺寸、组成、结构和微/纳米结构。研究人员为这些电极材料在电化学反应、电能储存装置和燃料电池中的应用提供了一种有效的控制反应性和催化性能的策略[1-3]。掺杂或偶联另一种金属形成合金可以重建催化剂表面状态,从而改变反应过程中表面中间体的结合能。

燃料电池在低温下运行的重要挑战之一是 ORR 速率缓慢,它比 HOR 速率至少低 4 个数量级。这导致整个反应过程受到了极大的限制,因此要求使用具有高度特异性和质量催化活性的催化材料,以及在阴极侧具有稳定性、耐久性和一定的选择性,以加速能量转换装置中的氧还原过程。

通常,Pt 纳米催化剂及其合金在这些能量转换装置中具有较高的催化活性、稳定性、耐久性和对阴极反应的选择性。在阳极侧,氢氧化产生的质子通过膜以 $H^+ \cdot nH_2O$ 的形式运输到阴极,在多电子电荷转移过程中发生反应,最后形成水。

在电催化反应中，活性材料的界面动力学起着重要作用。电极和沉积催化剂之间的电子转移与几个较慢的过程相结合，如吸附反应物和转化为中间体。产物的形成和解吸，以及催化剂表面和溶液之间的质量运输（即分子扩散），所有这些都在催化剂表面或表面附近绕行，从而显著提升催化剂的效率，并形成更高的催化剂稳定性和更好的可扩展性。利用 DFT 进行材料特性和过程建模是一种精确的方法，有助于材料的研究和计算设计，以及发展不同的电化学燃料电池技术，主要是找到能量转换的替代方法。

ORR 动力学缓慢，极大影响了 PEMFC 的大规模应用。要解决这一问题，必须提高阴极电催化剂的性能。非贵金属碳基材料具有独特的电子特性、可调的纳米结构，因此受到越来越多的关注。人们可以通过一个简单的数据来衡量研究进展，在过去的几十年里，催化剂负载量（膜上的催化剂数量）从 $30 \sim 40$ mg/cm^2 下降到远低于 $1\ mg/cm^2$，而性能却提高了数倍。

如前所述，阳极催化剂的作用是将阳极一侧的氢分子分裂，阴极催化剂的作用是将阴极一侧的质子与氧结合。首先介绍阳极的情况。正如前面提到的，在给定的条件下，在催化剂的单位面积上产生一定浓度的质子。有些质子会重新组合形成氢分子，有些则会扩散到可用的质子导体中。在这种情况下，当质子净流失时，会达到由质子的产生、重组、扩散和排出所决定的某种平衡。在燃料电池中，质子交换膜起着排水管的作用。质子穿过膜，在产生电和水的过程中发挥作用。为了提高整体反应速率，我们需要确保催化剂产生的质子数量最多，扩散越快越好，或者扩散到排水管的路径越短越好。产生的质子数量由催化剂活性和活性催化剂表面积（与催化剂负载量有关）决定。为了降低催化剂的负载量，人们开发了具有高活性表面积的材料。

到目前为止，对催化剂优化的长期研究仅取得了有限的成果。单一的铂或铂与其他元素的合金被认为是迄今为止维持催化剂高稳定性能的唯一选择。早期纯金属和合金（也称为无负载金属黑）被用作催化剂，但后来发现催化剂颗粒可以附着在细分散的碳上（该体系通常表示为金属对碳，M/C）。这不仅增加了催化剂的表面积（因为小的催化剂颗粒被分散开来），而且还在催化剂和扩散层之间提供了良好的电接触。最终，催化剂几乎可以作为单原子层分布在碳颗粒上，以寻求最大的催化剂覆盖面积、贵金属利用率和效率。然而，似乎存在一个催化剂的最小厚度限制，大约在几纳米以下，催化剂的活性不会增加。这被认为与某些受厚度影响的表面重构有关。重构表面显著影响催化剂的活性。同时也表明，只有连接到质子交换膜表面的催化剂颗粒才有助于发电。于是便形成了这样一种做法，即为了给催化层中的每个粒子建立三相接触（气体/催化剂/膜），通常用离聚物（例如全氟磺酸）浸渍催化层。这种安排提供了足够容易的气体进入催化剂的路径和一个容易获得的质子扩散路径。从整体性能的角度来看，这种短扩散路径的重要性体现在催化层厚度在 100 nm 以下时有一个最佳厚度值。通过加载更多的催化剂而产生的更厚的催化层不会显著提高燃料电池的性能。

3.2　阳极催化剂的发展和挑战

PEMFC 中基于 Pt 的催化剂上的 HOR 是一个比较快速的过程（与碱性燃料电池中的碱性介质相比，是两个数量级），氢气被吸附在催化剂表面，随后 H—H 键断裂，最后像质子一样从表面解吸，该步骤是速率决定步骤（rate determining step，RDS）[4,5]。整个过程的速度较快，主要是因为 H^+ 在水中的快速输运和参与反应的水合质子（$H_2O—H^+$）的键能较弱[6]。尽管这是一种动力学较快的反应过程，但研究人员对反应机理比较关注，发现这一过程与电解液的 pH 值相关。随着 pH 值的增加（氢结合能的增加），催化剂的催化活性会下降。因此，在 DFT 中，将氢结合能作为 HOR 催化活性的唯一描述符的想法在某些情况下被广泛接受[7]。

然而，有研究评估了不同 pH 值下界面水对 HOR 动力学的影响[4,5]。这项研究工作比较了 Pt(111) 和 Pt(110) 在酸性和碱性条件下的催化活性，发现在酸性介质中，Pt(110) 上的 HOR 比 Pt(111) 上的快。这种现象归因于离子扩散和界面水分子的结构。Marković 等人[8]在酸性介质中针对铂的不同晶体面分析了 HOR 过程。结果表明：活性趋势为 Pt(110) > Pt(100) > Pt(111)（见图 3.1），其中 Pt(110) 有一个原子-原子重组步骤（Tafel 机制），作为 RDS；Pt(100) 具有离子-原子反应（Heyrovsky），它控制着反应的速率；在 Pt(111) 中，未发现 RDS。

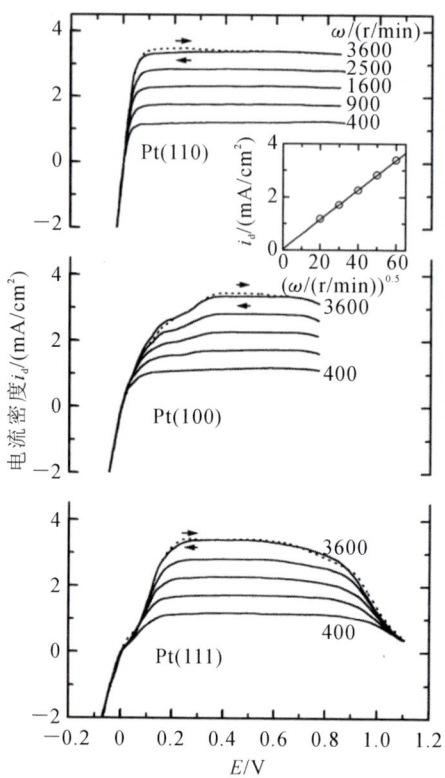

图 3.1 274 K 下,Pt(110)、Pt(100)、Pt(111)在 0.05 mol/L H_2SO_4 溶液中的极化曲线[8]

注:扫描速率为 10 mV/s。

另一个影响阳极催化剂的催化活性的主要参数是 Pt 的粒径。与 ORR 的粒径行为相反,对于 HOR,Pt 的粒径越小,催化活性越高。这一论断与之前讨论的Pt(110)单晶[4,5]的研究一致,因为这些平面与边缘直接相关,当粒径减小到接近 1.8 nm 时,这些平面在纳米颗粒中占主导地位。

此外,还可以观察到粒径越小,氢键能越低,催化活性越高的趋势。相比之下,在直径约为 10 nm 的纳米颗粒中,Pt(111)的频次是 Pt(100)的 4 倍,边缘面积占催化剂表面积的 10%,此时 Pt 基 HOR 催化剂的催化活性是最低的。这一说法也解释了为什么铂纳米颗粒在碱性介质中活性较低,因为与平面相比,边缘更能吸附阴离子,并阻挡催化剂的活性位点[9]。

Liao 等人[10]分析了电催化剂的结构如何影响 HOR 催化剂的活性,他们评估了沉积在 Au(111)衬底上的 Pt 单分子层的催化活性。此外,他们还发现了两种相关结构,Moire 结构(M 相)和明确的六边形结构(R 相)(见图 3.2)。在这两种结构中,定义明确的六边形结构更活跃,他们将活性的提高归因于结构中更多的内在活性位点。不过,将它与催化活性单独联系起来是比较困难的,因为在这项研究中,他们最初假设 Au(111)底物不参与反应,这一假设并不一定是正确的。然而,后来他们提到 Pt—Pt 距离的一种修饰(R 相增大 5.5%)改变了氢的吸附能,因此对催化活性产生了影响,这可能是由衬底引起的"溢出"效应造成的。

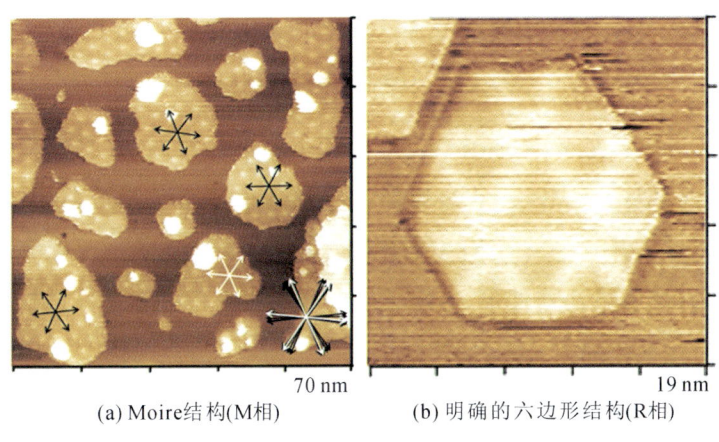

(a) Moire结构(M相)　　　　　　(b) 明确的六边形结构(R相)

图 3.2　Au(111)上 Pt 的 Moire 结构(M 相)和明确的六边形结构(R 相)[10]

阳极使用最广泛的催化剂是 Pt,当使用低负载 Pt/C($0.03 \sim 0.05$ mg/cm^2)时,没有显著的过电位报道[11,12]。因此,对新的 Pt 基 HOR 催化剂的研究兴趣要小得多。然而,Durst 等人[4]对单金属催化剂的研究发现,对于单金属纳米颗粒催化剂,当使用 H$_2$ 泵结构表征时,交换电流密度(i_o)遵循 Pt>Ir≫Rh>Pd 趋势。

关于 Pt 基合金,Gasteiger 等人[13-15]在 1995 年首次报道了 Pt-Ru 和 Pt$_3$Sn 作为 HOR 催化剂的研究。结果表明,反应机理和反应速度都与碳载体 Pt/C 非常相似。另一项与 Pt 合金有关的研究出现在 1999 年,对 Pt-Ru 和 Pt-Sn 合金进行了评估,发现这两种合金的活性都远远低于 Pt/C[16]。随后,对 Pt-Mn、Pt-Pb、Pt-Sb 和 Pt-Sn 合金的研究发现,只有 Pt-Pb 合金的 HOR 不是由扩散控制的,而是由电荷转移控制的。所分析的催化剂遵循催化活性趋势 Pt-Sb≫Pt-Sn>Pt≫Pt-Mn≫Pt-Pb。如表 3.1 所示,Pt-Sb 在 0.1 mol/L HClO$_4$ 中的动力学电流密度(i_k)高达 115 mA/cm^2，性能提升的重要原因是过渡金属显著影响了作为反应速率决定步骤的吸附过程[17]。

表 3.1　0.1 mol/L HClO$_4$ 中 Pt 和 Pt-M 的动力学电流密度(i_k)[17]

材料	i_k(mA/cm^2)
Pt	55
Pt-Mn	15
Pt-Pb	0.93
Pt-Sb	115
Pt-Sn	69

　　通过第二组分对 Pt/C 催化剂进行修饰也是提升其 HOR 催化活性的有效途径之一。例如，通过引入 RuOs 修饰，Pt-RuOs/C 电催化剂的 HOR 催化活性得到了大幅度提升，在 PEMFC 中表现出了显著增强的电化学性能（见图 3.3）。这也表明，在燃料电池器件中，不含 Pt 或 Pt 含量极低的多组分材料可作为潜在的阳极替代催化剂。

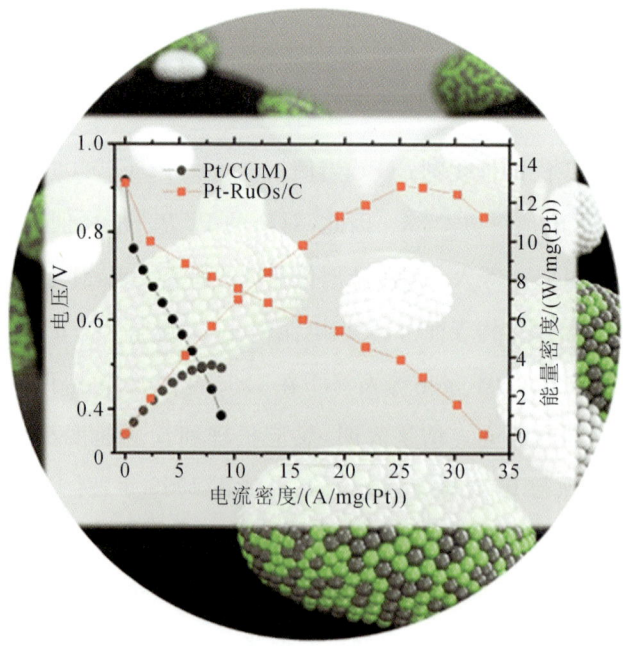

图 3.3　Johnson Matthey(JM)的商用 Pt/C 和多组分低 Pt 含量 Pt-RuOs/C 的性能对比[18]

一些 Pd 基、Pt 基和 Pt/Pd 基的金属催化剂已经被评估[19]，评估结果表明其性能良好且有较大的电化学表面积，这主要是因为它们的功函数相对较低。与 ORR 催化剂类似，各种策略都试图提高 Pt 的催化活性和稳定性。其中最常见的是增强作为 Pt 纳米颗粒载体的材料的性能，例如 TiO_x[20] 和 WC/C[21]。在此基础上，提出了 $Pt/TiO_x/C$ 体系，其中 TiO_x 作为支撑材料，并被用来封装 Pt 纳米颗粒，从而提高 HOR 催化剂的选择性，因为 TiO_x 层可选择性渗透质子，但不能透过羟基离子。为了避免低导电性的问题[20]，选择碳作为载体。同时，研究人员提出 WC/C 能够使催化剂抵抗从重整燃料中获得的 H_2 中的 CO 杂质。这种效应是由碳化钨（WC）产生的，其中 CO 与碳化钨之间的键比 CO 与 Pt 之间的键弱得多。

虽然已经为 HOR 开发了优秀的 Pt 基催化剂，但仍然需要减少 Pt 使用量以及设法从阳极电极中完全消除 Pt 的影响，掺杂取代的策略无疑是最简单有效的方式之一。现有研究表明，在单金属纳米颗粒中使用其他贵金属、非贵金属及非金属等去替代 Pt 是可行的。例如：Pd-Ir[22]；Pd_3Co[23]；PdCo[24]；Ir-M，M＝Fe、Ni、Co[25]；Pd_3P、IrP_2、RuP 和 Rh_2P[26]。正如在 ORR 催化剂中发现的那样，第二元素（如 Ir、Co、Fe、Ni、P 等）的掺入可以改变主金属的电子结构和键距。就像 Pd 或 Ir 的掺入能够改变 Pd-H_{ads} 或 Ir-H_{ads}（ads 表示吸附）的能量相互作用[23]，这种方式提高了催化剂的催化活性和稳定性。

在贵金属基催化剂中，有些结合了双金属催化剂的优点和一些替代载体的改进性能，如部分剥离碳纳米管（Pd_3Co/PCNT）[23]、石墨化氮碳（Pd-Co/gCN）[24]、还原氧化石墨烯（Pd_3P/rGO、IrP_2/rGO、RuP/rGO 和 Rh_2P/rGO）[26]。该策略的一个实例是由 Chandran 等人[23]报道的，他们使用 PCNT 基底的 Pd_3Co 进行 HOR。他们将该催化剂用在 PEMFC 的阳极，并从 Pd_3Co 中获得了比原始碳纳米管（和其他 Pd 基催化剂）更高的活性。他们将催化活性的增强归因于一维碳纳米管和二维石墨烯的协同作用，这种协同效应是氧化处理的结果。

同样，Pt/CNT 催化剂比炭黑负载 Pt（Pt/C）催化剂具有更大的活性面积，其由于具有长期稳定性而表现出更好的性能。研究表明，铂负载在碳纳米管（Pt/CNT）上能够显著提升催化剂的电化学性能，并且能够加深对 HOR 机理的理解，这些发现为铂修饰的碳材料在 PEMFC 中增强氢氧化的衬底效应研究提供了理论和实验依据[27]。Pt/CNT 的电荷转移电阻(61.2 Ω·cm²)远远小于 Pt/C 的电荷转移电阻(90.2 Ω·cm²),表明以碳纳米管作为支撑时,催化剂具有更高的电子转移效率。Pt/CNT 和 Pt/C 的 SEM(扫描电子显微镜)图像和 TEM(透射电子显微镜)图像见图 3.4。电催化剂的电化学性能见图 3.5。

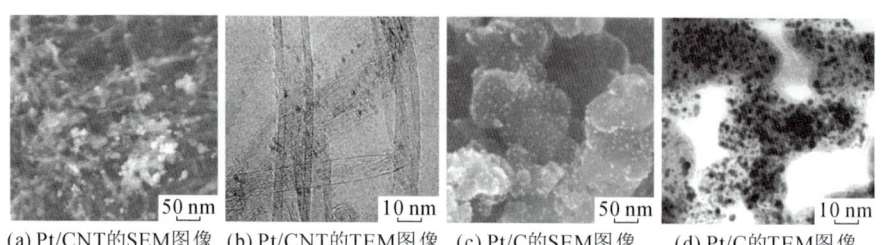

(a) Pt/CNT的SEM图像 (b) Pt/CNT的TEM图像 (c) Pt/C的SEM图像 (d) Pt/C的TEM图像

图 3.4 Pt/CNT 和 Pt/C 的 SEM(50 nm 标尺)图像和 TEM(10 nm 标尺)图像

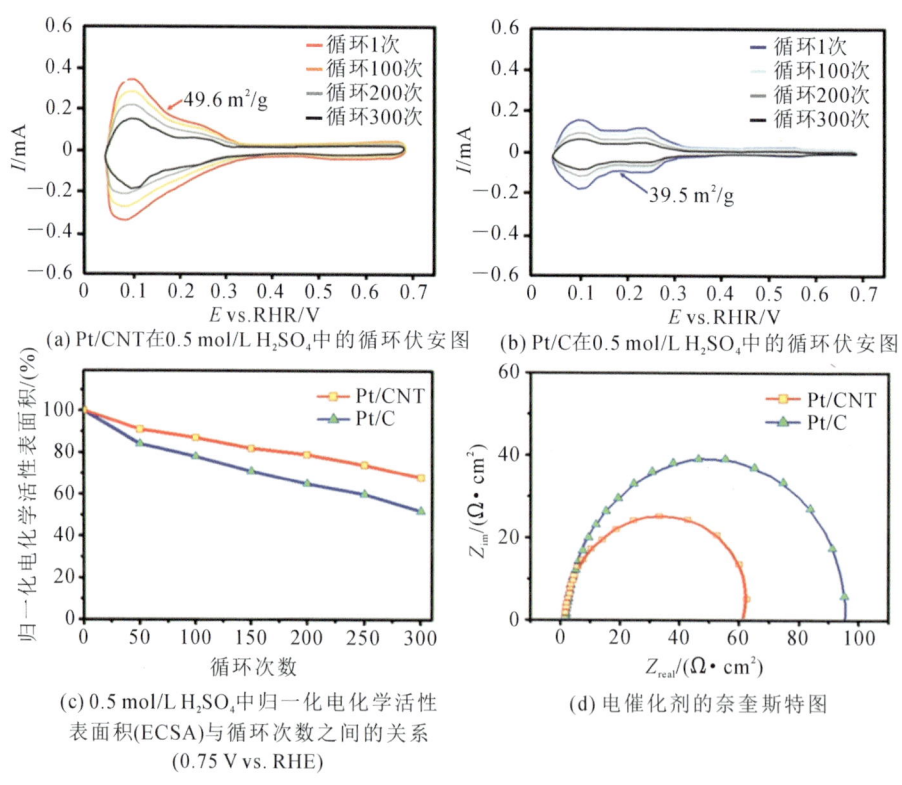

(a) Pt/CNT在0.5 mol/L H₂SO₄中的循环伏安图　(b) Pt/C在0.5 mol/L H₂SO₄中的循环伏安图

(c) 0.5 mol/L H₂SO₄中归一化电化学活性表面积(ECSA)与循环次数之间的关系 (0.75 V vs. RHE)　(d) 电催化剂的奈奎斯特图

图 3.5 电催化剂的电化学性能

注:vs. RHE 表示相对于可逆氢电极。

虽然已经合成了 Pt 的替代催化剂，但大多数催化剂仍然使用贵金属，如 Pd 和 Ir，而且往往价格高昂。并且目前人们对开发活性稳定的非 Pt 金属基催化剂用于 PEMFC 中 HOR 的兴趣有限。相比之下，包裹在 N、P 掺杂的薄层碳材料（$W_2C@N,P-C$，命名为 WNPC）中的 W_2C 纳米颗粒表现出增强的活性（$1.03\ mA/cm^2$）、稳定性（10000 次循环加速降解试验，即循环伏安（CV）测试）和 CO 耐受性（H_2 中 CO 的体积浓度（CO/H_2）为 0.1%），这是由 WNPC 结构均匀、电导率高、比表面积大以及 N、P、C 协同作用产生的。

由于二氧化钼（MoO_2）在酸性介质中稳定性好，因此对其应用进行了进一步分析。然而，这种材料对 HOR 的活性较低，因为它对氢原子的吸附能力非常弱[28]，而充足的能量吸附是 PEMFC 电催化剂需满足的一个基本条件[29]。因此，与提高 ORR 电催化剂的活性表面积或通过添加第二种金属来改变其电子性质（电子密度）的方法相同，在 MoO_2 中加入 Ni 可以改变氢分子的吸附能[28]。

在这种情况下，用 Ni 原子部分取代 Mo 原子并没有改变 MoO_2 的晶体结构。此外，这种取代在 O 位产生电子缺位，这是因为 Ni 的电负性高于 Mo，从而增加了催化剂中氢分子的吸附量和表面氢覆盖率（40%～50%），导致 $Ni_{0.35}Mo_{0.65}O_2$ 的催化活性显著增加（约为 $0.3\ mA/cm^2$），并表现出极高的稳定性。通过计时安培法对其进行 50 h 的稳定性测试，证明其有极好的稳定性（见图 3.6）。

最后，一些新的材料也被开发并用于阳极反应，例如双二腾镍负载在不同的非常规碳材料上，如碳纳米管[30]以及石墨烯酸[31]。然而，需要仔细研究并评估其可行性。

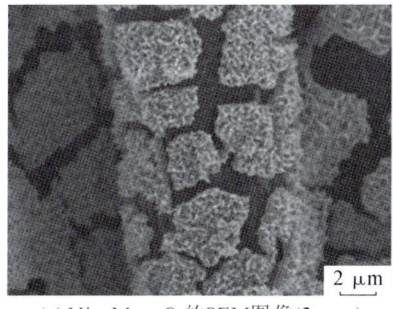

(a) $Ni_{0.35}Mo_{0.65}O_2$的SEM图像(2 μm)　　(b) $Ni_{0.35}Mo_{0.65}O_2$的SEM图像(200 nm)

图 3.6　$Ni_{0.35}Mo_{0.65}O_2$ 的 SEM 图像，0.1 mol/L $HClO_4$ 中 $Ni_{0.35}Mo_{0.65}O_2$ 与 Pt/C 的 HOR 稳态极化曲线，以及 0.1 mol/L $HClO_4$ 中的计时电流曲线[28]

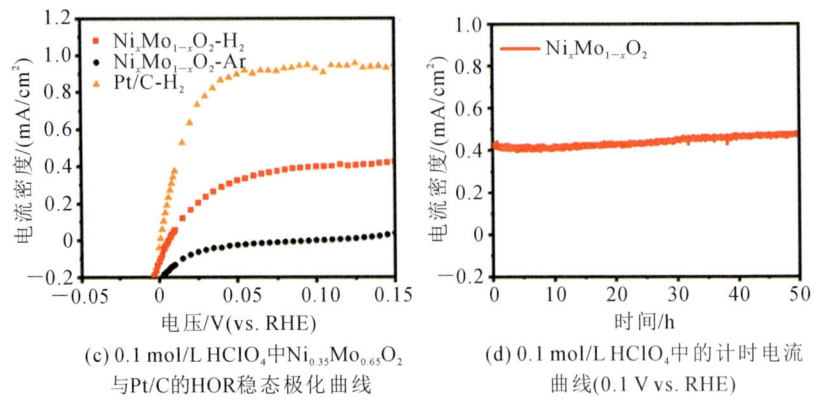

(c) 0.1 mol/L HClO₄中Ni₀.₃₅Mo₀.₆₅O₂
与Pt/C的HOR稳态极化曲线

(d) 0.1 mol/L HClO₄中的计时电流
曲线(0.1 V vs. RHE)

续图 3.6

3.3 阴极催化剂的发展和挑战

ORR 动力学缓慢,影响 PEMFC 的大规模应用。要解决这一问题,必须提高阴极电催化剂的性能。近年来,非贵金属碳基材料在 ORR 中取得了显著的进展。非贵金属碳基材料具有独特的电子特性和可调谐的纳米结构,因此受到越来越多的关注。一系列新的方法被采用,旨在通过增加活性位点和提高催化剂的内在活性来改善催化性能[32,33]。

在制造纳米电催化剂的各种方法中,电喷雾和静电纺丝技术成本低、操作简便,是过去十年来工业上比较成熟的纳米技术路线。合成 PtCo 纳米线作为 PEMFC 阴极催化剂的过程采用了六羰基前驱物,这种物质同时作为还原剂和结构导向剂。在半电池测试中,这种纳米线的电化学性能达到 291.4 mA/mg (Pt),显著优于商用 Pt/C 催化剂的 85.5 mA/mg(Pt)。经过加速耐久性测试 (AST)后,碳负载纳米合金催化剂的电化学活性表面积(ECSA)损失了 19.1%,而商用 Pt/C 催化剂的电化学活性表面积损失了 41.8%。实验结果表明,制备的一维结构有利于提高催化剂的催化活性和 PEMFC 的使用寿命。迄今为止,理论与实验方法相结合的研究已经在降低 PEMFC 中铂族金属的含量方面取得了一定的进展。

单金属铂族金属、铂族金属合金、单原子基金属氧化物和金属氮化物通常被用于 ORR 的活性催化剂制备中[34-37]。然而,Pt 基合金催化剂表现出优于单金属 Pt 的活性,这与 Pt—Pt 键距、Pt 电负性、Pt 的 5d 带中的电子密度和表面氧化层的变化等因素有关[38-40]。

Pt 是整个元素周期表中最活跃的 ORR 金属催化剂。然而,这种纳米颗粒在稳定性和耐用性方面面临着重大挑战。研究人员采用不同的策略来降低 Pt/C 的不稳定性,第一种是使用其他结构明确的材料替换炭黑作为载体,如碳纳米管[41],N 或 S 掺杂碳纳米管[42],或使用 N 掺杂石墨烯-TiO_2[43],这些改变可以避免与碳载体腐蚀相关的问题。此外,Ham 等人[44]提出,与 Pt/C 相比,使用掺杂 S 的碳层覆盖的 Pt 纳米颗粒可以制备出既稳定又具有高活性的催化剂。

提高载体稳定性的另一种策略是加入金属氧化物作为催化剂载体。因此,人们探索了多种金属氧化物负载的新型 Pt 基催化剂,如 NbO_x[45]、In_2O_3[46]和 TiO_2[47]。然而,这些金属氧化物材料导电性较差,这就需要制定不同的策略来提高导电性。例如:添加碳基材料,如碳纳米管、C,或者石墨烯纳米带;与其他金属的合金化,如 In;使用一些氮化物,如 TiN。

上述策略在半电池实验和 PEMFC 测试中产生了导电并具有高稳定性和高活性的催化剂。开发活性更强的催化剂的第一步是形成 Pt 基合金,如 Pt-M(M＝过渡金属,例如 Pt-Au[48],Pt-Fe[49],Pt-Ni[50])型或 Pt-MN(M≠N,例如 Pt_2CuNi[51]、PtNiMo[52])型。Yin 等人[48]报道了 Pt-Au 合金纳米粒子催化剂,不仅获得了比 Pt/C 活性更高的催化剂,而且还解释了热处理对纳米粒子结构的影响,以及这种处理如何显著提高双金属材料的催化活性。掺杂 Mo 的 PtNi 是兼顾活性和稳定性的催化剂之一,Dionigi 等人[52]在研究中认为 Mo 是保证 Pt-Ni 催化剂活性和稳定性的关键元素,因为 Mo 可以阻止 Ni 的偏析。图 3.7 展示了 Pt/C、d-PtNi/C(d 表示 dealloyed,d-PtNi 表示去合金化的 PtNi)、oh-PtNi/C(oh 表示 octahedral,oh-PtNi 表示八面体 PtNi)和 oh-PtNi(Mo)/C(oh-PtNi(Mo)表示掺杂 Mo 的八面体 PtNi)的电化学性能研究。稳定性测试(N_2 饱和的 0.1 mol/L $HClO_4$ 中扫描 10000 个循环伏安,电位范围为 0.6～0.925 V(vs. RHE),扫描速率为 100 mV/s 后,发生氢欠电位沉积(H_{upd})和氧化的低电位出现了一些峰值(见图 3.7(a)),这是因为表面和刻面发生了局部变化,具体是表面粗糙度和 oh-PtNi(Mo)/C 中 110 晶面的贡献增加。这导致稳定性测试后 oh-PtNi(Mo)/C 的电化学活性表面积(ECSA)增大(见图 3.7(c))。此外,Mo 掺杂的 oh-PtNi(Mo)/C 稳定性测试后的线性伏安曲线与稳定性测试前相比没有显著变化(见图 3.7(b))。从质量活性的角度来看,尽管 oh-PtNi(Mo)/C 在稳定性测试后性能有所下降,但该催化剂保留的质量活性远远优于其他对比样品(见图 3.7(d))。与 Pt/C 相比,尽管 oh-PtNi(Mo)/C 用了更少的 Pt,但在 0.6V 时仍然可以达到 1170 mA/cm² 的电流密度,其催化活性可以比肩 d-Pt-Ni/C(见图 3.7(e))。

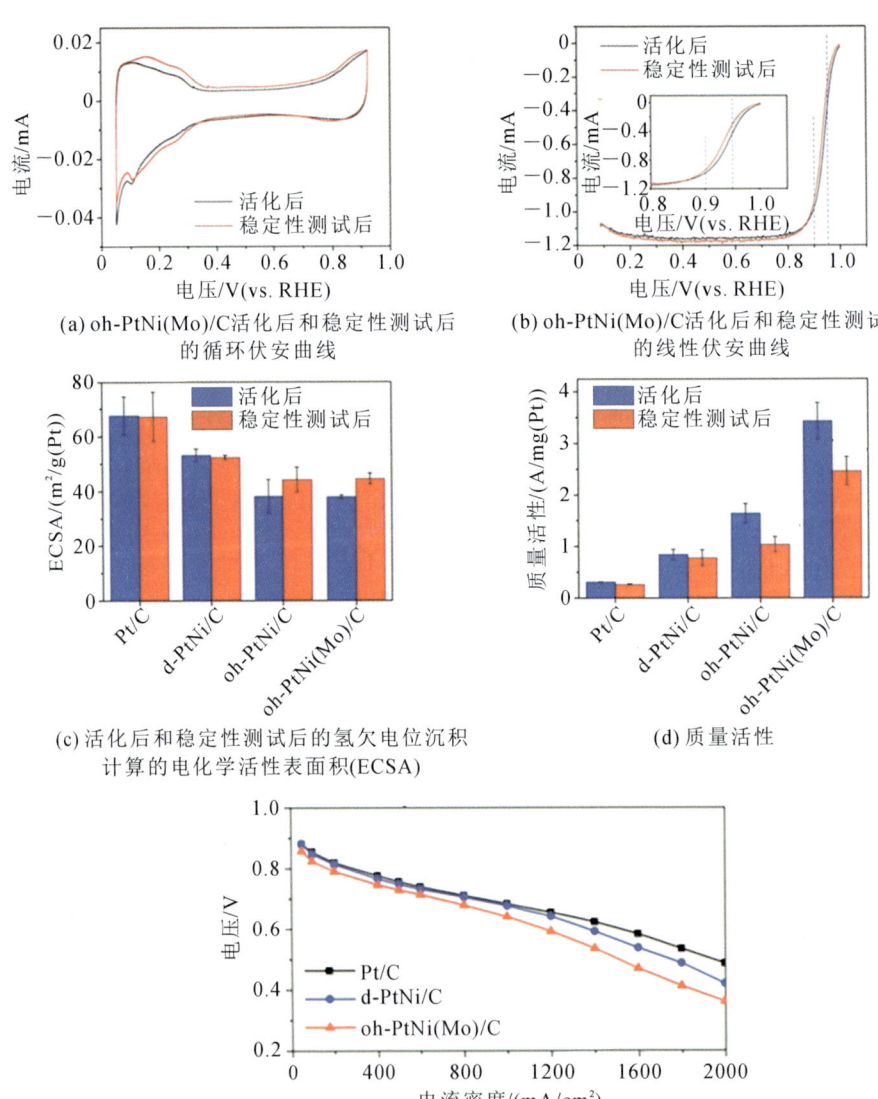

(a) oh-PtNi(Mo)/C活化后和稳定性测试后的循环伏安曲线

(b) oh-PtNi(Mo)/C活化后和稳定性测试后的线性伏安曲线

(c) 活化后和稳定性测试后的氢欠电位沉积计算的电化学活性表面积(ECSA)

(d) 质量活性

(e) 以oh-PtNi(Mo)/C、d-PtNi/C、Pt/C为阴极,Pt/C为阳极的MEA单电池性能

图 3.7 Pt/C、d-PtNi/C、oh-PtNi/C 和 oh-PtNi(Mo)/C 的电化学性能研究[52]

催化剂性能优化的另一个方向是合成具有明确几何结构的合金,通过改善电极表面 Pt 的使用情况来提高催化活性。正如 Nan 等人[53]设计的 PdM@Pt(M=Fe,Ni,Co)型核壳结构催化剂那样,体现了结构设计的优越性和可行性。

近年来,一种新颖的碳基催化剂(M-N-C 型催化剂)引起人们的关注,其具有优异的活性与成本优势。M-N-C 型催化剂由一个金属原子(Mg,Ca,Al;Fe,Co,Cu,Zn,Ru;Ir)[54-56]与限制在石墨烯基体中的不同数量的吡啶氮原子配位构成。这种结构的灵感来自酶中的辅助因子,酶通常具有生物化学活性。M-N-C 型催化剂具有一些突出的特点:具有碳基结构的高表面积,使其能够有效地分散和暴露活性位点;载体具有适当的孔径分布,传质效果好;石墨结构具有良好的导电性和良好的催化位点分布[57]。然而,这类催化剂面临着诸多挑战,如反应机理还不明确、耐久性有待提升等。

当前,对这种新的 M-N-C 型催化剂的研究工作仍在进行中,目的是了解其 ORR 动力学机制[55]。这与金属中心浓度[57]、还原电位[58]和催化活性有关。Venegas 等人[58]发现氧化还原电位与催化活性之间存在线性关系(见图 3.8)。观察到的趋势表明,催化剂的催化活性与其氧化还原电位密切相关,氧化还原电位越高,催化剂的活性越好。

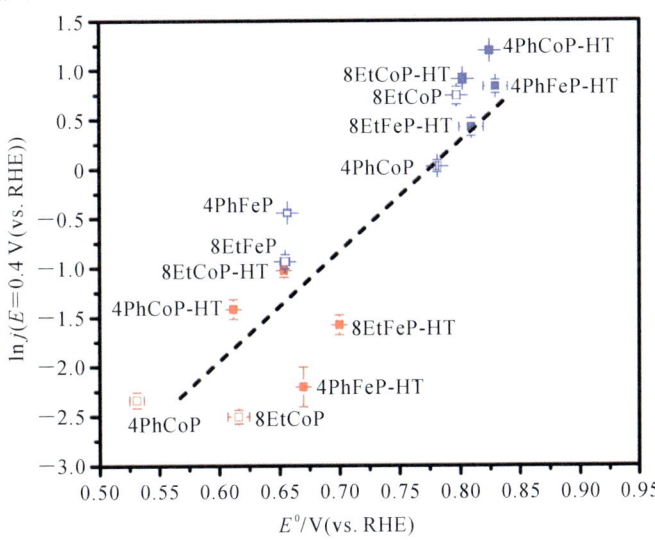

图 3.8　在 $E=0.4$ V 条件下,以 $\ln j$ 表示的催化活性(vs. RHE)与所研究的未经热处理(空心符号)和经过热处理(实心符号)的铁基和钴基催化剂的氧化还原电位(E^0)的函数关系图[58]

在 ORR 的各类金属基催化剂中,含铁(Fe)原子的催化剂由于具有良好的催化活性、较高的化学稳定性,以及较低的前驱体成本等特点,得到了广泛的研究[59-61]。然而,有证据表明,含有铁原子的电极表面通过 ORR 促进了芬顿反应,进而降解聚合物膜,并产生 H_2O_2,在这一过程中,钴化合物发挥了重要作用[55]。

在这方面,Chong 等人[62]开发了一种由 Pt-Co 纳米颗粒支撑在 Co-N_x-C 型结构上的催化剂,表现出了较好的催化活性和稳定性,优于半电池和 PEMFC 中的 Pt/C,高于美国能源部(DOE)为催化剂性能建立的标准。另一种具有显著催化活性的催化剂是 Ir-N_4-C(Ir-SAC)。Xiao 等人[56]通过原位浸渍法合成了 Ir 基单原子催化剂,其电化学活性高于 Ir/C 纳米颗粒。这种高活性行为与 Ir-N_4 的结构有关。此外,Ir 原子对氮的良好锚定使得没有 Ir 原子在电极表面溶解。

对于这些新材料的合成,有各种各样的方法可以获得用过渡金属物种装饰的高表面积的纳米结构碳基质,如模板法、浸渍法、混合法、浸出法和多种方法的组合[55]。另外还有比较特殊的球磨和离子热法。

在其他方面,部分研究者也开发了过渡金属氧化物材料用于 ORR,但是通常这些过渡金属氧化物并不直接作为活性位点,而是作为改性成分来提高催化活性。例如,Dou 等人[63]利用 WO_3 纳米团簇对 Pt/C 进行了改性,合成了具有平行 WO_3 纳米棒的 Pt/WO_3/C 纳米复合材料。WO_3 的引入使得 Pt 纳米颗粒的平均粒径减小,分散性更好,因此获得了更优异的电化学活性与稳定性。

3.4　PEMFC 催化层的理性设计

理想的催化层结构应能以最快的反应速率和最少的催化剂用量实现电池所需的功率输出。因此,需要增加催化层的三相边界,构建通畅的质子通道、电子通道及反应物传输通道。催化层中的质子交换树脂和催化剂的用量,以及催化层的孔结构、亲疏水性、厚度及均匀性等都会影响其反应界面的性质和反应通道的畅通性。

(1)组分优化设计。目前,PEMFC 膜电极催化层的常用制备方法如下:先将催化剂颗粒配制成料浆,再将料浆涂覆到气体扩散层或者质子交换膜上,经干燥后获得催化层。料浆是将一定比例的催化剂和离聚物溶液与溶剂(如异丙醇、水等)混合,均匀分散后获得的悬浮液。催化层中常用聚四氟乙烯和离聚物(如 Nafion)作黏结剂,黏结剂的含量影响催化层的气体渗透性、催化活性和离子传导率。Nafion 太少,催化层的离子传导率就会不足,导致低 Pt 利用率和高的阻抗;Nafion 太多,则会影响催化层的气体渗透性、催化活性和离子传导率。

(2)孔结构优化。催化层的结构对电子迁移通道、气体扩散通道、质子传输通道和水传输通道的形成起着重要作用。对催化层孔结构进行优化,并采用新型的催化层结构,可以改善催化层的性能。暂态分析表明催化层的孔隙率会影响电池的性能[64],当孔隙率太大时,电化学反应位会减少,电池性能会下降;当孔隙率太小时,液态水会对催化层的性能产生影响。孔隙率的最佳值为 0.06～0.1。提高催化层的孔隙率可以加快传质,但是催化层的耐久性可能会受到影响。有序的催化层结构是指催化层结构具备纳米尺度上的高度有序性,如定向生长的碳纳米管载 Pt 催化层、定向生长的纳米晶须载 Pt 催化层等[65,66]。有序的催化层结构可以有效提升电池性能。这是因为:首先,定向的碳纳米管的电导率远比交叉的碳纳米管高,而电子在传导过程中没有能量损失[67,68];其次,定向的碳纳米管薄膜具有更高的气体渗透率;最后,定向的碳纳米管薄膜还有极好的疏水性能,这有助于产物水的排出[69]。此外,近年来,规则的有序质子导体阵列[70-75]为有序化膜电极提供了新方向,在这方面,中国科学院苏州纳米技术与纳米仿生研究所的周小春研究员做了许多突破性的工作。

目前人们对 PEMFC 催化层的研究主要集中在组分和结构优化方面,通过改善催化层的质子、电子、气体和水的传输通道来提高催化层的性能。在组分优化方面,实验研究表明,Nafion 的最佳比例范围为 20%～40%。此外,溶剂可以改变催化层的微观状态和催化层的孔结构。而在结构优化方面,在孔结构方面进行优化或采用非均一催化层对电池性能的提高有限,但催化层的有序化能够使催化层的质子与电子传输路径有序化,从而极大地提高催化层的性能,这将是燃料电池膜电极的一个新的研究方向。

本章参考文献

[1] PENG J H，ZHANG W C，ZHANG X W，et al. Component optimization for catalyst layers in proton exchange membrane fuel cells[J]. General Chemistry，2020，6(4)：200016.

[2] HE Y H，TAN Q，LU L L，et al. Metal-nitrogen-carbon catalysts for oxygen reduction in PEM fuel cells：Self-template synthesis approach to enhancing catalytic activity and stability[J]. Electrochemical Energy Reviews，2019，2(2)：231-251.

[3] CHENG H，GUI R J，LIU S，et al. Local structure engineering for active sites in fuel cell electrocatalysts[J]. Science China Chemistry，2020，63(11)：1543-1556.

[4] DURST J，SIMON C，HASCHE F，et al. Hydrogen oxidation and evolution reaction kinetics on carbon supported Pt，Ir，Rh，and Pd electrocatalysts in acidic media[J]. Journal of the Electrochemical Society，2015，162(1)：F190-F203.

[5] REBOLLAR L，INTIKHAB S，SNYDER J D，et al. Kinetic isotope effects quantify pH-sensitive water dynamics at the Pt electrode interface[J]. The Journal of Physical Chemistry Letters，2020，11(6)：2308-2313.

[6] ELBERT K，HU J，MA Z，et al. Elucidating hydrogen oxidation/evolution kinetics in base and acid by enhanced activities at the optimized Pt shell thickness on the Ru core[J]. ACS Catalysis，2015，5(11)：6764-6772.

[7] SHENG W C，ZHUANG Z B，GAO M R，et al. Correlating hydrogen oxidation and evolution activity on platinum at different pH with measured hydrogen binding energy[J]. Nature Communications，2015，6(1)：5848.

[8] MARKOVIĆ N M, GRGUR B N, ROSS P N. Temperature-dependent hydrogen electrochemistry on platinum low-index single-crystal surfaces in acid solutions[J]. The Journal of Physical Chemistry B, 1997, 101 (27): 5405-5413.

[9] ZALITIS C M, KUCERNAK A R, SHARMAN J, et al. Design principles for platinum nanoparticles catalysing electrochemical hydrogen evolution and oxidation reactions: Edges are much more active than facets [J]. Journal of Materials Chemistry A, 2017, 5(44): 23328-23338.

[10] LIAO W C, YAU S. Au(111)-supported Pt monolayer as the most active electrocatalyst toward hydrogen oxidation and evolution reactions in sulfuric acid[J]. The Journal of Physical Chemistry C, 2017, 121 (35): 19218-19225.

[11] WANG T Y, XIE H, CHEN M J, et al. Precious metal-free approach to hydrogen electrocatalysis for energy conversion: From mechanism understanding to catalyst design[J]. Nano Energy, 2017, 42: 69-89.

[12] YANG Y, LUO M C, ZHANG W Y, et al. Metal surface and interface energy electrocatalysis: Fundamentals, performance engineering, and opportunities[J]. Chem, 2018, 4(9): 2054-2083.

[13] GASTEIGER H A, MARKOVIC N M, ROSS P N JR. Electrooxidation of CO and H_2/CO mixtures on a well-characterized Pt_3Sn electrode surface [J]. The Journal of Physical Chemistry, 1995, 99 (22): 8945-8949.

[14] GASTEIGER H A, MARKOVIC N M, ROSS P N JR. H_2 and CO electrooxidation on well-characterized Pt, Ru, and Pt-Ru. 1. rotating disk electrode studies of the pure gases including temperature effects [J]. The Journal of Physical Chemistry, 1995, 99(20): 8290-8301.

[15] GASTEIGER H A, MARKOVIC N M, ROSS P N JR. H_2 and CO electrooxidation on well-characterized Pt, Ru, and Pt-Ru. 2. rotating

disk electrode studies of CO/H$_2$ mixtures at 62 ℃[J]. The Journal of Physical Chemistry，1995，99(45)：16757-16767.

[16] LEE S J, MUKERJEE S, TICIANELLI E A, et al. Electrocatalysis of CO tolerance in hydrogen oxidation reaction in PEM fuel cells[J]. Electrochimica Acta，1999，44(19)：3283-3293.

[17] INNOCENTE A F, ÂNGELO A C D. Electrocatalysis of oxidation of hydrogen on platinum ordered intermetallic phases：Kinetic and mechanistic studies[J]. Journal of Power Sources，2006，162(1)：151-159.

[18] KIM M J, KIM O H, PARK I S, et al. Excellent performances of modified RuOs bimetallic materials as anode catalysts for polymer electrolyte membrane fuel cells[J]. Electrocatalysis，2018，9(3)：352-358.

[19] HASANNAEIMI V, MUKHERJEE S. Noble-metal based metallic glasses as highly catalytic materials for hydrogen oxidation reaction in fuel cells[J]. Scientific Reports，2019，9(1)：12136.

[20] STÜHMEIER B M, SELVE S, PATEL M U M, et al. Highly selective Pt/TiO$_x$ catalysts for the hydrogen oxidation reaction[J]. ACS Applied Energy Materials，2019，2(8)：5534-5539.

[21] HASSAN A, PAGANIN V A, TICIANELLI E A. Pt modified tungsten carbide as anode electrocatalyst for hydrogen oxidation in proton exchange membrane fuel cell：CO tolerance and stability[J]. Applied Catalysis B：Environmental and Energy，2015，165：611-619.

[22] TZORBATZOGLOU F, BROUZGOU A, JING S Y, et al. Oxygen reduction and hydrogen oxidation reaction on novel carbon supported Pd$_x$Ir$_y$ electrocatalysts[J]. International Journal of Hydrogen Energy，2018，43(26)：11766-11777.

[23] CHANDRAN P, RAMAPRABHU S. Catalytic performance of non-platinum-based hybrid carbon hetero-structure for oxygen reduction and hydrogen oxidation reactions in proton exchange membrane fuel cell [J]. International Journal of Hydrogen Energy，2018，43（39）：

18477-18487.

[24] GHOSH A, CHANDRAN P, RAMAPRABHU S. Palladium-nitrogen coordinated cobalt alloy towards hydrogen oxidation and oxygen reduction reactions with high catalytic activity in renewable energy generations of proton exchange membrane fuel cell[J]. Applied Energy, 2017, 208: 37-48.

[25] LIAO J H, DING W, TAO S C, et al. Carbon supported IrM (M = Fe, Ni, Co) alloy nanoparticles for the catalysis of hydrogen oxidation in acidic and alkaline medium[J]. Chinese Journal of Catalysis, 2016, 37(7): 1142-1148.

[26] PU Z H, LIU T T, ZHAO W Y, et al. Versatile route to fabricate precious-metal phosphide electrocatalyst for acid-stable hydrogen oxidation and evolution reactions[J]. ACS Applied Materials & Interfaces, 2020, 12(10): 11737-11744.

[27] KIM T, KWON Y, KWON S, et al. Substrate effect of platinum-decorated carbon on enhanced hydrogen oxidation in PEMFC[J]. ACS Omega, 2020, 5(41): 26902-26907.

[28] ZENG H B, CHEN S Q, JIN Y Q, et al. Electron density modulation of metallic MoO_2 by Ni doping to produce excellent hydrogen evolution and oxidation activities in acid[J]. ACS Energy Letters, 2020, 5(6): 1908-1915.

[29] LIU E, JIAO L, LI J K, et al. Interfacial water shuffling the intermediates of hydrogen oxidation and evolution reactions in aqueous media [J]. Energy & Environmental Science, 2020, 13(9): 3064-3074.

[30] GENTIL S, LALAOUI N, DUTTA A, et al. Carbon-nanotube-supported bio-inspired nickel catalyst and its integration in hybrid hydrogen/air fuel cells[J]. Angewandte Chemie-International Edition, 2017, 56(7): 1845-1849.

[31] REUILLARD B, BLANCO M, CALVILLO L, et al. Noncovalent in-

tegration of a bioinspired Ni catalyst to graphene acid for reversible electrocatalytic hydrogen oxidation[J]. ACS Applied Materials & Interfaces, 2020, 12(5): 5805-5811.

[32] ZHANG L, LI L, CHEN H M, et al. Recent progress in precious metal-free carbon-based materials towards the oxygen reduction reaction: Activity, stability, and anti-poisoning[J]. Chemistry-A European Journal, 2020, 26(18): 3973-3990.

[33] LIU W W, LI M, JIANG G P, et al. Graphene quantum dots-based advanced electrode materials: Design, synthesis and their applications in electrochemical energy storage and electrocatalysis[J]. Advanced Energy Materials, 2020, 10(29): 2001275.

[34] SHAO M H, CHANG Q W, DODELET J P, et al. Recent advances in electrocatalysts for oxygen reduction reaction[J]. Chemical Reviews, 2016, 116(6): 3594-3657.

[35] TIAN X L, LU X F, XIA B Y, et al. Advanced electrocatalysts for the oxygen reduction reaction in energy conversion technologies[J]. Joule, 2020, 4(1): 45-68.

[36] WANG X X, SWIHART M T, WU G. Achievements, challenges and perspectives on cathode catalysts in proton exchange membrane fuel cells for transportation[J]. Nature Catalysis, 2019, 2(7): 578-589.

[37] LANG P, YUAN N N, JIANG Q Q, et al. Recent advances and prospects of metal-based catalysts for oxygen reduction reaction[J]. Energy Technology, 2020, 8(3):1900984.

[38] MA Z, CANO Z P, YU A P, et al. Enhancing oxygen reduction activity of Pt-based electrocatalysts: From theoretical mechanisms to practical methods[J]. Angewandte Chemie-International Edition, 2020, 59 (42): 18334-18348.

[39] KITCHIN J R, NØRSKOV J K, BARTEAU M A, et al. Role of strain and ligand effects in the modification of the electronic and chemi-

cal properties of bimetallic surfaces[J]. Physical Review Letters, 2004, 93(15): 156801.

[40]　LI L G, SHAO Q, HUANG X Q. Amorphous oxide nanostructures for advanced electrocatalysis [J]. Chemistry-A European Journal, 2020, 26(18): 3943-3960.

[41]　MOGHADAMESFAHANI R A, VANKOVA S K, EASTON E B, et al. A hybrid Pt/NbO/CNTs catalyst with high activity and durability for oxygen reduction reaction in PEMFC[J]. Renewable Energy, 2020, 154: 913-924.

[42]　NECHIYIL D, GARAPATI M S, SHENDE R C, et al. Optimizing metal-support interphase for efficient fuel cell oxygen reduction reaction catalyst[J]. Journal of Colloid and Interface Science, 2020, 561: 439-448.

[43]　PARK C, LEE E, LEE G, et al. Superior durability and stability of Pt electrocatalyst on N-doped graphene-TiO$_2$ hybrid material for oxygen reduction reaction and polymer electrolyte membrane fuel cells[J]. Applied Catalysis B: Environmental and Energy, 2020, 268: 118414.

[44]　HAM K, CHUNG S, LEE J. Narrow size distribution of Pt nanoparticles covered by an S-doped carbon layer for an improved oxygen reduction reaction in fuel cells [J]. Journal of Power Sources, 2020, 450: 227650.

[45]　XU C C, YANG J, LIU E, et al. Physical vapor deposition process for engineering Pt based oxygen reduction reaction catalysts on NbO$_x$ templated carbon support [J]. Journal of Power Sources, 2020, 451: 227709.

[46]　CHENG Y L, ZHAO X S, YU Y L, et al. Indium oxide supported Pt-In alloy nanocluster catalysts with enhanced catalytic performance toward oxygen reduction reaction[J]. Journal of Power Sources, 2020, 446: 227332.

[47] FORTUNATO G V，CARDOSO E S F，MARTINI B K，et al. Ti/Pt-Pd-based nanocomposite：Effects of metal oxides on the oxygen reduction reaction[J]. ChemElectroChem，2020，7(7)：1610-1618.

[48] YIN S F，XIE Z Y，DENG X T，et al. Simple synthesis of ordered platinum-gold nanoparticles with the enhanced catalytic activity for oxygen reduction reaction[J]. Journal of Electroanalytical Chemistry，2020，856：113707.

[49] WANG Q，TAO H L，LI Z Q，et al. Effect of iron precursor on the activity and stability of PtFe/C catalyst for oxygen reduction reaction[J]. Journal of Alloys and Compounds，2020，814：152212.

[50] REYES-RODRÍGUEZ J L，VELÁZQUEZ-OSORIO A，BAHENA-URIBE D，et al. Tailoring the morphology of Ni-Pt nanocatalysts through the variation of oleylamine and oleic acid：A study on oxygen reduction from synthesis to fuel cell application[J]. Catalysis Science & Technology，2019，9(10)：2630-2650.

[51] WU D Z，SHEN X C，ZHOU L Q，et al. A vacuum impregnation method for synthesizing octahedral Pt_2CuNi nanoparticles on mesoporous carbon support and the oxygen reduction reaction electrocatalytic properties[J]. Journal of Colloid and Interface Science，2020，564：245-253.

[52] DIONIGI F，WEBER C C，PRIMBS M，et al. Controlling near-surface Ni composition in octahedral PtNi(Mo) nanoparticles by Mo doping for a highly active oxygen reduction reaction catalyst[J]. Nano Letters，2019，19(10)：6876-6885.

[53] NAN H X，SU Y Q，TANG C，et al. Engineering the electronic and strained interface for high activity of $PdM_{core}@Pt_{monolayer}$ electrocatalysts for oxygen reduction reaction[J]. Science Bulletin，2020，65(16)：1396-1404.

[54] LIU S，LI Z D，WANG C L，et al. Turning main-group element mag-

nesium into a highly active electrocatalyst for oxygen reduction reaction [J]. Nature Communications，2020，11(1)：938.

[55] HUANG X X，SHEN T，ZHANG T，et al. Efficient oxygen reduction catalysts of porous carbon nanostructures decorated with transition metal species [J]. Advanced Energy Materials，2020，10 (11)：1900375.

[56] XIAO M L，ZHU J B，LI G R，et al. A single-atom iridium heterogeneous catalyst in oxygen reduction reaction[J]. Angewandte Chemie-International Edition，2019，58(28)：9640-9645.

[57] QIAO M F，WANG Y，WANG Q，et al. Hierarchically ordered porous carbon with atomically dispersed FeN_4 for ultraefficient oxygen reduction reaction in proton-exchange membrane fuel cells[J]. Angewandte Chemie-International Edition，2020，59(7)：2688-2694.

[58] VENEGAS R，MUÑOZ-BECERRA K，CANDIA-ONFRAY C，et al. Experimental reactivity descriptors of M-N-C catalysts for the oxygen reduction reaction[J]. Electrochimica Acta，2020，332：135340.

[59] GARCÍA Á，RETUERTO M，DOMINGUEZ C，et al. Fe doped porous triazine as efficient electrocatalysts for the oxygen reduction reaction in acid electrolyte[J]. Applied Catalysis B：Environmental and Energy，2020，264：118507.

[60] WEI X Q，LUO X，WANG H J，et al. Highly-defective Fe-N-C catalysts towards pH-Universal oxygen reduction reaction[J]. Applied Catalysis B：Environmental and Energy，2020，263：118347.

[61] WANG X D，FANG J J，LIU X R，et al. Converting biomass into efficient oxygen reduction reaction catalysts for proton exchange membrane fuel cells[J]. Science China Materials，2020，63(4)：524-532.

[62] CHONG L，WEN J G，KUBAL J，et al. Ultralow-loading platinum-cobalt fuel cell catalysts derived from imidazolate frameworks[J]. Science，2018，362(6420)：1276-1281.

[63] DOU M L, HOU M, LI Z L, et al. Pt/WO₃/C nanocomposite with parallel WO₃ nanorods as cathode catalyst for proton exchange membrane fuel cells[J]. Journal of Energy Chemistry, 2015, 24(1): 39-44.

[64] CHANG S M, CHU H S. Transient behavior of a PEMFC[J]. Journal of Power Sources, 2006, 161(2): 1161-1168.

[65] LI W Z, WANG X, CHEN Z W, et al. Carbon nanotube film by filtration as cathode catalyst support for proton-exchange membrane fuel cell [J]. Langmuir, 2005, 21(21): 9386-9389.

[66] VIELSTICH W, LAMM A, GASTEIGER H. Handbook of fuel cells: Fundamentals, technology, applications[M]. New York: John Wiley & Sons, Inc. , 2003.

[67] FRANK S, PONCHARAL P, WANG Z L, et al. Carbon nanotube quantum resistors[J]. Science, 1998, 280(5370): 1744-1746.

[68] LIANG W J, BOCKRATH M, BOZOVIC D, et al. Fabry-Perot interference in a nanotube electron waveguide [J]. Nature, 2001, 411 (6838): 665-669.

[69] LI H J, WANG X B, SONG Y L, et al. Super-"amphiphobic" aligned carbon nanotube films[J]. Angewandte Chemie-International Edition, 2001, 40(9): 1743-1746.

[70] NING F D, BAI C, QIN J Q, et al. Great improvement in the performance and lifetime of a fuel cell using a highly dense, well-ordered, and cone-shaped Nafion array[J]. Journal of Materials Chemistry A, 2020, 8(11): 5489-5500.

[71] PAN S F, QIN J Q, NING F D, et al. Well-dispersed Nafion array prepared by the freeze-drying method to effectively improve the performance of proton exchange membrane fuel cells[J]. ACS Sustainable Chemistry & Engineering, 2021, 9(49): 16770-16777.

[72] LI Y L, WEN Q L, QIN J Q, et al. A high-efficient and low-consumption nanoimprint method to prepare large-area and high-quality Nafion

array for the ordered MEA of fuel cell[J]. Chemical Engineering Journal，2023，451：138722.

［73］ LI Y L，WEN Q L，ZOU S Y，et al. Multiscale architectured Nafion membrane derived from lotus leaf for fuel cell applications[J]. ACS Applied Materials & Interfaces，2023，15(24)：29084-29093.

［74］ NING F D，QIN J Q，DAN X，et al. Nanosized proton conductor array with high specific surface area improves fuel cell performance at low Pt loading[J]. ACS Nano，2023，17(10)：9487-9500.

［75］ PAN S F，WEN Q L，DAN X，et al. Enhanced triple-phase interface in PEMFC by proton conductor absorption on the Pt catalyst[J]. ACS Applied Energy Materials，2023，6(2)：763-772.

第4章
离聚物和质子交换膜

4.1 引言

作为 PEMFC 的核心部件,MEA 中的质子交换膜(proton exchange membrane,PEM)在电池中起着分离气体反应物,隔离电子传输,并为质子迁移和传输提供通道的作用。同时,离聚物在整个催化层的分布对质子传导起着重要作用。在质子传导方面,离聚物的功能与膜部分相同。因此,我们在本节中讨论离聚物和 PEM 的发展及其所面临的挑战。

PEM 的性能很大程度上决定了燃料电池的性能。因此,对膜材料的研究备受关注。高性能 PEM 一般应具备以下特点:高质子传导性和低电子传导性;低燃料气体渗透性;高氧化稳定性和水解稳定性;良好的机械稳定性、尺寸稳定性和热稳定性;低成本;优异的耐久性。

4.2 离聚物的发展

除了膜之外,离聚物也是建立质子转移网络的一个重要组成部分。旋转圆盘电极(rotating disk electrode,RDE)和膜电极组件(MEA)测试得到的氧还原反应(ORR)活性存在显著差异[1]。主要原因之一可能是与 RDE 测试相比,在膜电极组件测试中,催化层中需要大量的离聚物。离聚物在催化层中的主要作用有两个:一是作为黏结剂使得膜电极组件的各部分能在热压后充分结合,最大限度减小接触电阻;二是作为质子导体将质子传导到活性位点,如 Pt 表面,同时离聚物的存在会影响催化层中的气液平衡。目前来说,催化层对离聚物是有依赖性的,这种依赖性是离聚物多方面作用的结果。离聚物通常以一层薄膜的形态附着在催化剂颗粒的表面,如图 4.1 所示,以便将质子快速传导到活性位点。这层薄膜在一定程度上会掩盖活性位点和降低多孔结构的孔隙率,同时气体在离聚物中的渗透和扩散通常是缓慢的。传质在阴极 ORR 过程中具有显著影响。并且 PEMFC 中的离聚物通常不是良好的电子导体。因此,离聚物的存在对质子传导率、催化层活性与气体的传输三者的平衡提出了较高的要求。此外,催化层和膜的主要成分经常是类似的(但是形态不同),如都使用 Nafion,催化层的离聚物通常使用由离聚物配成的分散液。但事实上,PEMFC 对催化层和膜的性能要求是不同的。尽管两者都要求低膨胀、化学和机械耐久性,但离聚物膜需要具有高气体渗透性以保证质量传输,而电解质膜则需要具有低气体渗透性以减少气体交叉。因此,选择不同的聚合物作为催化层离聚物和电解质膜对于 PEMFC 性能和耐久性的提高是有重要意义的。

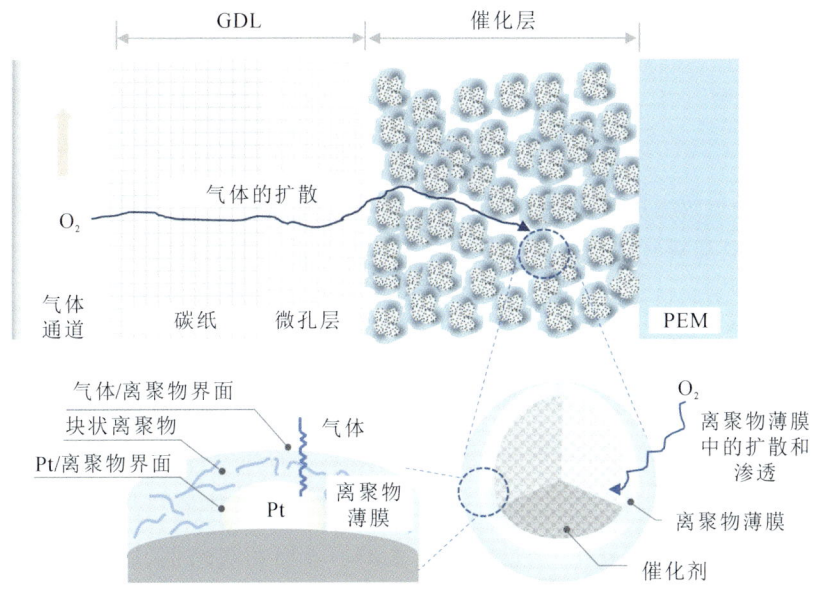

图 4.1　催化层中的气体传输[2]

　一些研究报告显示,通过在催化层中使用高透氧离聚物(high oxygen permeable ionomer,HOPI),PEMFC 的性能得到了显著的改善,且没有任何明显的不利影响。如图 4.2 所示,含有环状结构单体的 HOPI 明显增强了界面氧气渗透率和 ORR 活性。这是因为高透氧离聚物的高氧溶解度允许高氧渗透率,并且高透氧离聚物侧链末端磺酸盐基团的一个或两个氧原子对 Pt 表面的吸附减弱,降低了离聚物对 Pt 的毒害作用[3]。

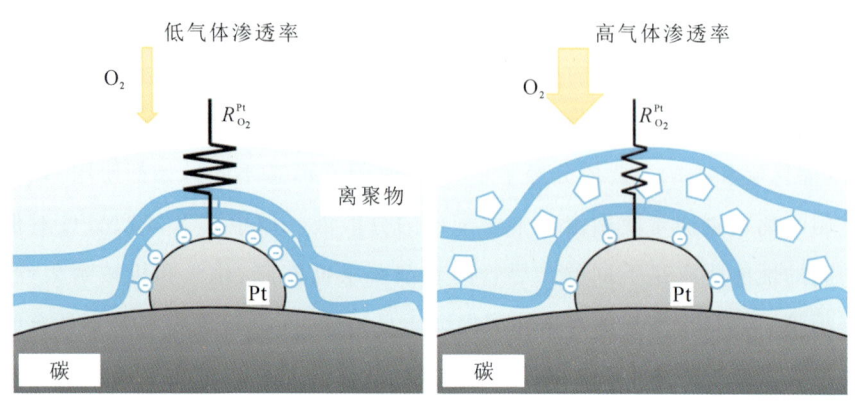

图 4.2　传统离聚物(左)和高透氧离聚物(右)在 Pt 表面的离聚物结构示意图[3]

ORR 的氧气传输阻力可以用压力相关阻力(R_p)和压力无关阻力(R_{np})表示。前者主要与流场通道和气体扩散层(GDL)有关,而后者由克努森扩散阻力和三相边界(TPB)阻力决定。阴极的催化层中有两种尺度的氧气传输行为,包括氧气在离聚物中的渗透和在孔隙中的扩散。这些对应于两种类型的氧气传输阻力,即局部氧气传输阻力(R_{local})和体相氧气传输阻力(R_{bulk})。其中,R_{local} 在阴极催化层中的总气体传输阻力中占主导地位,即由覆盖在 Pt 催化剂上的离聚物膜决定。一旦离聚物和 Pt 之间的界面形成,离聚物侧链上的磺酸基就会朝向催化剂表面,并形成一个具有相分离的界面。相反,如果离聚物与碳等弱相互作用的物质形成界面,则催化剂/离聚物界面的相分离效果很差。因此,界面结构取决于催化剂的表面特性(如 Pt 的浓度和碳载体的结晶度),从而离聚物的物理特性会发生变化,这反过来又影响了界面的吸水性、质子传导性和气体渗透性。与长链离子膜相比,在阴极催化层中使用具有低当量和更多磺酸基的短链离子膜可以改善离子膜的覆盖率和质子导电性。为了使离聚物均匀分布,应该考虑碳载体和离聚物之间的相互作用。可以引入 NH_x 或 N 基团来改变碳载体,以获得某些正电荷,从而促进离聚物在碳载体上更好地分布。同时,有必要提高离子交换容量(ion exchange capacity,IEC)以提高质子传导率,但不会对催化剂产生负面影响,并同时提供高透氧性。理想情况下,离聚物应该均匀地分布在催化层中，以获得最优的活性位点、最低的氧传输阻力和足够的质子传导性。在 MEA 制造过程中，优化催化剂/离聚物界面，可以有效提高 PEMFC 的性能。

4.3　质子交换膜的发展

PEM 作为 PEMFC 最重要的部件之一，在很大程度上决定了 PEMFC 的工作温度、欧姆电阻、使用寿命，从而决定了 PEMFC 的综合性能。根据美国能源部的报告，如果燃料电池每年的循环量达到 1000 次、10000 次和 50000 次，则膜分别占据总成本的 17%、12% 和 9%。

由杜邦公司生产的 Nafion 系列全氟磺酸（PFSA）膜（即 Nafion 膜）是 PEMFC 使用最广泛的膜，因为其具有高质子传导性，以及高热稳定性和机械稳定性。PFSA 分子由聚四氟乙烯（PTFE）主链、全氟乙烯侧链和磺酸基组成。PTFE 主链具有疏水性，决定了质子交换膜的机械稳定性和化学稳定性。磺酸基是质子传导的活性位点。全氟主链提供高的疏水性，与高亲水性的磺酸官能团结合，构建成以全氟主链为连续相，以磺酸基为亲水相的微观分离结构。连通的疏水相对于膜主体结构的完整性至关重要，作为亲水相的磺酸基则起着蓄水池的作用，在有水的情况下，疏水区域和亲水区域完全分离，形成双连续的微观结构，提高膜的质子导电性和理化性能。

Nafion 膜具有两相结构：具有疏水性的 PTFE 主链使 Nafion 膜具有机械强度和化学稳定性，具有亲水性的磺酸基（$-SO_3H$）为质子的传输提供通道；C—F 键的键能高于 C—H 键的键能（350～435 kJ/mol）和 C—C 键的键能（350～410 kJ/mol），促使 C—F 键成为所有的碳化物中键长最短、键能最高的共价键。另外，氟原子的电子结构使其对中心的碳原子形成有效的屏蔽，使得氟原子在碳链周围起到保护作用，提高了 Nafion 膜的化学稳定性和热稳定性。氟原子电负性引起的强大的场效应和氟诱导效应极大地提高了 Nafion 膜的酸性和质子传导性。在完全水合的条件下，Nafion 膜的电导率高达 0.1 S/cm。Nafion 膜中的质子传输机理为"运载"机理，水的存在对于质子传导来说是至关重要的，因为它促进质子从磺酸基中离解出来，并与水分子结合形成具有高活动性的水合氢离子(H_3O^+)，H_3O^+从阳极向阴极移动,从而实现质子传导。但PFSA 的全氟脂肪族聚合物链玻璃化转变温度较低,离子团簇在80 ℃以上容易脱水,导致 PFSA 的质子电导率、化学稳定性和机械稳定性均急剧下降,燃料电池性能也降低。膜的微相分离程度以及微相形貌(如尺寸和形状)等因素都会对膜的性能产生重要的影响。尽管如此,由于微观形貌的复杂性,到目前为止,学者们对其微观形貌仍然没有统一的认识。在这个过程中,学者们先后提出了反向离子簇胶束网络模型、局部有序模型、核壳模型、层状模型、三明治模型、棒状模型、蠕虫状模型以及平行柱状纳米水通道模型等。

按照不同的侧链长度,PFSA 膜可以分为长侧链(LSC)膜和短侧链(SSC)膜。前者的代表产品有 Nafion 膜,而基于 SSC 的 PFSA 膜是由陶氏化学在20世纪推出的,不过其成本比基于 LSC 的 PFSA 膜高。典型的 PFSA 膜的分子结构如图 4.3 所示。2010 年,Solvay Solexis 生产并推出了 Aquivion SSC 膜。与Nafion LSC 膜相比,Aquivion SSC 膜具有更高的离子传导性、更高的吸水性、类似的机械性能、更高的玻璃化转变温度,并在膜电极组件测试中呈现出更好的性能,特别是在低湿度下。值得注意的是,由于 Aquivion SSC 膜的离子交换能力较强,因此 Aquivion SSC 膜的水含量也相应较大,这意味着与 LSC 类似物相比,Aquivion SSC 膜疏水通道的网络发展较差。过去,较厚的 PFSA 膜(如183 μm 的 Nafion N117,或 125 μm 的 Nafion N115)被广泛用于 PEMFC,其具有良好的机械强度和低气体渗透率,但由于厚度大,质子传导率低。目前,PF-SA 膜的厚度可以小于 10 μm,且其质子传导性明显提高、欧姆损失明显降低,然而这些膜存在着高气体交叉的问题。更薄的膜会导致法拉第效率降低,加速退化,甚至产生安全风险。其中:Aciplex 膜的侧链最长,比 Nafion 膜的侧链多出一个—CF_2—结构单元;Aquivion SSC 膜的侧链最短,比 Nafion 膜侧链少一个—CF_2—$CF(CF_3)$—O—结构单元。除侧链长度外,在影响 PFSA 膜化学结构的因素中,主链中—CF_2—CF_2—单元的个数 m 也起着重要作用,它决定着主链的长度。侧链和主链的长度决定了膜的当量质量(equivalent weight,EW),其定义为含 1 mol 磺酸基的树脂的质量,单位为 g/mol。另一种表示 PFSA 膜的参量为离子交换容量,其值为膜当量质量的倒数,单位为 mmol/g。一般而言,对于具有相同侧链长度的 PFSA 膜,其 EW 值越小,质子电导率越高,机械

强度越低。因此,生产一种能满足各项性能指标的 PFSA 膜将会极大地促进
PEMFC 的发展。

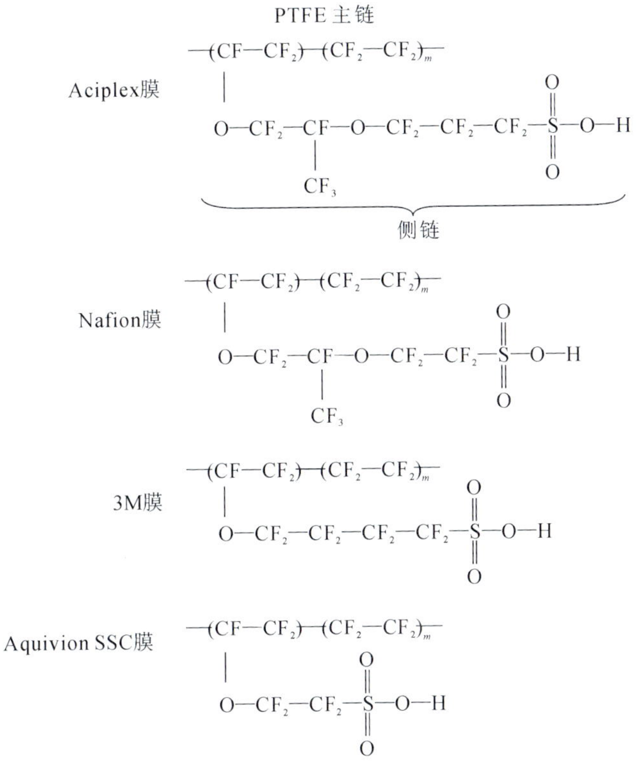

图 4.3　具有不同侧链结构和长度的 PFSA 膜的化学结构

在 PEMFC 运行期间,膜的质子导电性总是受到温度和湿度的影响。通常
情况下,低温和高湿能够提高 PFSA 膜的质子导电性。在 80～90 ℃ 的温度下,
PFSA 膜的质子导电性较好。然而,提高工作温度是首选,因为提高工作温度可
以使燃料电池获得高动力学、高能源效率和高输出功率。此外,催化剂在高温
下遭受的 CO 中毒较弱。高温下的另一个好处可能是,PEMFC 更容易进行热
管理和水管理。这些燃料电池的高温最佳工作条件实际上对 PFSA 膜并不友
好。例如,在工作温度较高时,膜会脱水,这会导致膜的退化和失效。此外,当
PEMFC 储存在寒冷的环境中(寒冷地区)时,部分水被限制在 PFSA 聚合物链
中,很容易冻结在膜表面。一旦 PEMFC 被启动,针孔形状的损伤很容易在膜

表面形成[4]。因此,开发一种在宽温度范围内表现良好,尤其是在高温条件下稳定工作的膜,对未来 PEMFC 的发展至关重要。

为了开发先进的、在高温下工作的膜材料,研究人员已经提出了几种有效的策略[5,6]。提升传统 PFSA 膜在高温下的性能可以通过多种改性手段实现:调整 PFSA 分子中的酸基,包括增加酸基浓度和改变磺酸基的位置,有利于提高质子传导性;构建具有长亲水/疏水块的多嵌段共聚物和/或具有局部高磺酸基浓度的共聚物,也能够提高质子传导性;开发支化聚合物;将聚合物填充到具有高强度的多孔基材中;在聚合物中掺入亲水添加剂;将聚合物与无水酸、离子液体、杂多酸、三唑或咪唑等物质结合;制造聚合物纳米纤维。

相关研究已经展示了以新型碳氢化合物作为离聚物和电解质膜材料的工作,包括有机磺化聚醚酮酮(SPEKK)膜[7]、磺化聚芳基烯醚(SPP)膜[8]、磺化苯基聚亚苯基(SPPP/SPPB)膜[9,10]、磺化碳氢化合物五嵌段三元共聚物(Nexar® 聚合物)膜[11]、硫代苯基化聚苯乙烯阳离子交换材料 Pemion™[12] 等(见图 4.4)。Nguyen 等人[13]在一篇综述论文中总结了 2008 年到 2021 年上述材料应用于 MEA 时的电池功率密度(@0.7 V)和峰值功率密度。这些材料可以通过各种合成路线利用不同的单体合成,以获得各种结构架构。对于高温的 PEM-FC,掺有磷酸(H_3PO_4,PA)的聚苯并咪唑(PBIs)膜由于成本低且具有优良的化学性能和热性能而得到广泛应用,在 $100 \sim 250$ ℃的温度范围内,无须加湿。PA 已被证明是一种优越的掺杂剂,因为由它衍生的膜总是具有高导电性、优良的热稳定性且在高温下展现出非常低的蒸气压。例如,Tang 等人[14]研究了 PA 掺杂的超多孔膜,它可以在 $-20 \sim 200$ ℃的温度范围内运行。该膜在高湿度条件下也能保持 PA 的高保留率,质子传导率比传统的掺杂高密度 PA 的聚苯并咪唑膜高出三个数量级。通常情况下,非湿润的 PA 掺杂膜在 $140 \sim 180$ ℃下工作,以避免水凝结引起的 PA 浸出。也有报道称,质子化的膦酸电极可以显著提高高温 PEMFC 的性能。全氟磺酸的质子可以转移到膦酸上,以增强燃料电池电极的无水质子传导。例如,质子化的膦酸 PEMFC 在 160 ℃时表现出 $780 \ mW/cm^2$ 的额定功率密度,在 2500 h 的运行时间和 700 次负载下,从 40 ℃ 到 160 ℃ 的热循环中,退化程度很小。

根据膜材料的结构以及所含基团,用于合成聚合物质子交换膜的材料可以

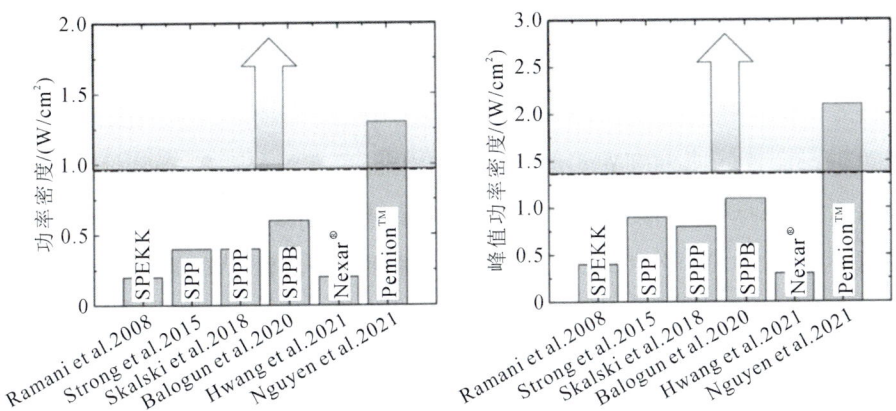

图4.4　H_2/O_2 操作条件、高湿度（＞75％）和环境压力下基于碳氢化合物的 MEA（催化层和 PEM 均为碳氢化合物）的电池功率密度和峰值功率密度[13]

注：图中的上半部分表示使用典型的 PFSA 离聚物和 PFSA 膜的 MEA 性能。

分为三大类：全氟类、含氟类、非氟类（主要包括芳香族和脂肪族）。

1. 全氟类聚合物膜材料

氟原子尺寸小和电负性高的特点赋予了氟化聚合物较强的 C—F 键和较低的极化率。凭借化学惰性、热稳定性和—CF_2SO_3H 中磺酸基的强酸性而制备的膜，已被用于氯碱工艺过程中，同时也用作燃料电池组件中的质子交换膜。全氟化膜一般由单体聚合而成，再经过特定的化学反应将单体中的基团转化为阳离子或阴离子。其中最具代表性的全氟磺酸聚合物，是由杜邦公司生产的Nafion 膜。Nafion 膜是目前工业应用中最常用的阳离子交换膜，其结构为聚四氟乙烯骨架，拥有较高的质子电导率，在氧化还原环境中具有较强的稳定性。然而，在较高的温度（如 80 ℃ 以上）条件下，该膜性能会下降。当工作温度达到100 ℃ 左右时，Nafion 膜就会失去机械性能。除此以外，甲醇渗透性高、低湿度或高温下的导电性差以及最重要的高成本因素限制，在很大程度上阻碍了 Nafion 膜更大规模和更广泛的应用。

除了 Nafion 膜外，成熟的工业用聚合物电解质膜还有日本生产的 Nemion膜和 Aciplex 膜，它们具有聚合物电解质膜所需的质子电导率和化学稳定性。与 Nafion 膜类似，其制作成本相对较高。除了成本和性能限制之外，制造和操作过程中的安全性和环保性都限制了全氟类聚合物膜的使用，同时氟化材料的降解也令人关注。这些限制对于商业可行性来说，并非微不足道。

2.含氟类聚合物膜材料

另一种可用于质子交换膜的材料是部分氟化类聚合物，以聚四氟乙烯(PT-FE)为代表。PTFE材料的优势在于没有毒性、稳定性好并且吸水率低。Zhao等人[15]以多孔PTFE膜为基材，以季胺聚砜(QAPS)为阴离子导体来制备季铵盐聚砜/聚四氟乙烯复合膜。结果表明，该复合膜的机械强度较好，含水率和溶胀率均得到改善，燃料电池的性能也得到提升。在燃料电池运行过程中，由于QAPS客体与PTFE主体之间相互作用较差，QAPS逐渐滤出。为防止QAPS的滤出，Li等人[16]提出一种制备碱性聚合物电解质超薄复合膜的新方法，将叔胺基季胺聚砜(TQAPS)沉浸在多孔PTFE膜中，然后进行自交联，形成半互穿网络。结果表明，所得膜具有较低的面电阻、较低的溶胀度和较高的机械强度，在阴离子交换膜燃料电池(anion exchange membrane fuel cell，AEMFC)测试中性能较好(测试条件为H_2/O_2)，体现了部分氟化类聚合物膜的潜力。

此外，一种以三氟苯乙烯为单体的磺化共聚物被定义为第三代先进材料(BAM_3G)，适用于质子交换膜的制备。BAM_3G是一种部分氟化聚苯乙烯类材料，C—F键在苄基位置被取代，磺酸基的酸性因—CF—的吸电子作用而变强。这类膜比传统氟化膜表现出更好的燃料电池性能。BAM_3G在性能和稳定性方面均被认为是一种很有应用前景的膜材料。在开发新型膜材料时，尽管使用氟化材料会提高成本，但全氟或含氟材料凭借其出色的耐酸性、低甲醇渗透性和高质子电导率而成为不可或缺的选择。然而，氟化材料的成本较高，不适合用来制造成本较低的膜。

目前，Nafion膜具有制造成本高、高温下容易失水等缺点，为了使Nafion膜的应用更广泛，国内外大量的科研工作者主要采用了掺杂改性的方法来弥补这些缺陷。Lin等人[17]将聚四氟乙烯掺入Nafion膜中形成复合膜，不仅降低了Nafion膜的成本，而且提高了Nafion膜的机械性能和相应的电池性能。由于燃料电池是在高温低湿的环境下工作的，针对Nafion膜高温后会失水而导致质子传导率骤降的问题，科研工作者也采用了掺杂的方法。由于磷钨酸、硅钨酸、磷钼酸等杂多酸是优良的质子导体，在高温下依然具备较高的质子传导率，所以大量的科研工作者将这些杂多酸混入Nafion膜中制备成复合膜，使得

Nafion膜在高温下依然能够保持较高的质子传导率。Ramani 等人[18]制备了一系列 Nafion/杂多酸复合膜,结果表明,在高温低湿的条件下(温度为 120 ℃,相对湿度为 35％),复合膜的表现令人满意。然而,长时间的运行会使杂多酸溶于水,从而导致膜的性能变差。近年来,研究者们开始尝试采用不溶的固体质子导体进行实验。Del Rio 等人[19]制备了 Nafion 和磺化八苯基倍半硅氧烷(sPOSS)的复合膜 Nafion/sPOSS,性能测试结果表明,在 Nafion 膜中加入这种磺化的固体质子导体后,在高温低湿的条件下,复合膜的质子传导率高于 Nafion 膜,展示出了潜在的商业应用价值。

研究者们也采用掺杂改性的方法来降低 Nafion 膜的甲醇渗透率,研究主要集中在将 SiO_2、TiO_2 等无机粒子混入 Nafion 膜中制成复合膜,这种方法虽然能够降低复合膜的甲醇渗透率,但是也不可避免地会降低膜的质子传导率。

3. 非氟类聚合物膜材料

非氟类或酸碱共混物材料被认为是最有希望用来生产低成本膜的材料替代品。碳氢类化合物膜与全氟化膜相比,具有成本低、制造简单的优势。减少氟化物种类可以显著降低制造成本,减少卤素材料的用量,还可以降低对环境的污染。在这方面,复合膜等其他材料也显示出巨大的应用潜力。为了制备低成本质子交换膜并在更高温度下提高其稳定性,可以将芳香族碳氢化合物直接与碳氢化合物聚合物骨架结合。由于芳香族的不灵活性,聚亚芳基在 200 ℃ 的高温下还可以保持稳定。芳香环还能发生亲电和亲核取代反应,可以通过磺化或磷化等过程进行功能化。总的来说,非氟类聚合物可以归纳为两大类:脂肪族聚合物和芳香族聚合物。典型的代表有聚乙烯醇(PVA)类、聚芳醚类、聚苯醚类、聚砜类、聚苯乙烯(PS)类等,这些材料都可以作为全氟化材料的替代品。

1) 聚乙烯醇类

PVA 是一类多羟基聚合物,制备简单、可生物降解,在实际应用中极其常见。因其结构中存在羟基,PVA 具有较好的亲水性。Qiao 等人[20]以 PVA 为基质,将聚二烯丙基二甲基氯化铵(PDDA)、聚丙烯酰胺-二烯丙基二甲基氯化铵(PAADDA)和氢氧化钾交联,合成聚合物电解质膜。该膜展现出强化学稳定性、热稳定性以及高离子电导率。Merle 等人[21]通过廉价材料的简单混合,制备出 PVA 与聚乙二醇二缩水甘油醚(PEFDGE)交联的阴质子交换膜,该系列交联膜的化学稳定性和离子电导率均有所提高。

2）聚芳醚类

聚芳醚凭借其良好的稳定性和耐水性,被认为是制备质子交换膜的理想材料,已有研究报道了基于聚芳醚的质子交换膜的开发。Tanaka 等人[22]将线性疏水型低聚物和含氟型低聚物进行嵌段共聚,而后进行氯甲基化、季铵盐化,以及离子交换反应来合成阴离子导电芳香族多嵌段共聚物,聚芳醚中含有季铵盐取代的芴基团。该膜呈透明状,且初始性能较好,据报道,该共聚物膜的电导率极高,在 80 ℃时可高达 144 mS/cm,并保持 5000 h 不变,且将高度电离的亲水嵌段引入多嵌段结构中是提高质子传导性的有效途径。一种简单的制备碱性膜的方法是,通过亲核取代-聚缩合,然后进行季胺化和碱化反应合成胺化多嵌段聚(亚芳基醚)(AMPE)。结果表明,由亲水性和疏水性导致的相分离结构为离子传递提供了快速通道,在 80 ℃下离子电导率为 150 mS/cm。由于膜材料中存在两个邻位的季胺基团,它们可以抵抗亲核试剂(如 OH⁻)的攻击,故膜展现出良好的碱性稳定性。

3）聚苯醚类

聚 2,6-二甲基-1,4-苯醚(PPO)具有优异的物理性能,包括高的尺寸稳定性、优异的机械性能、强的热稳定性和优异的电性能,鉴于这些特点,PPO 被认为是膜材料的理想选择之一。Li 等人[23]采用 Cu 催化的电极反应制备 1,2,3-三唑聚苯醚类季铵盐(QA)来改善阴离子交换膜中阴离子的传输性能。阴离子交换膜(AEM)中 1,2,3-三氮唑的加入,为水、氢氧根与三氮唑之间形成高效连续的氢键网络提供了更多位点。研究结果表明,在 20 ℃水中,氢氧根的电导率可达 27.8～62 mS/cm,比由三甲胺制备的 AEM 高出数倍。此外,电极反应制备的膜与非电极反应制备的膜相比,其组装的 H_2/O_2 电池性能有了很大提高,在 50 ℃下该膜的峰值功率密度为 188.72 mW/cm²。

Dang 等人[24]通过戊基间隔链将聚苯醚与 10 个不同的杂环季胺阳离子束缚在一起,系统评估了膜的热稳定性、碱稳定性以及氢氧根的传导性,期望识别降解反应过程并建立阳离子设计原理。结果发现,通过戊基间隔链与哌啶和喹啉阳离子束缚的阴离子交换膜表现出最佳的整体性能,为阳离子基团和膜材料的选择提供了指导,并且为提高碱性电化学能量转换和存储设备的性能提供了参考。

4）聚砜类

聚芳醚砜以耐水解、机械稳定性和热稳定性好著称。近年来，研究者对聚芳醚砜膜的合成也进行了一些尝试。Yang 等人[25]以新型单体双（2-乙基-4-甲基-咪唑-1-甲基）-联苯-4,4-二醇（EMIPO）为原料，合成一系列含有大量咪唑基团的聚芳醚砜。用 1-溴丁烷对聚合物进行季胺化后，对其碱性阴离子交换膜性能进行了评价。这些新型聚合物中使用的官能团 2-乙基-3-丁基-4-甲基咪唑，因咪唑环周围附着大量基团，减少了与 OH-咪唑的接触，提高了膜的碱稳定性。在此基础上，无机材料也被添加到聚合物基质中，以改善其机械性能、热力学性能和化学性能。Li 等人[26]通过嵌段共聚、溴甲基化、超声共混、自交联、季胺化、碱化等方法合成一系列交联多嵌段聚芳醚砜/纳米 ZrO_2 复合的阴离子交换膜。结果表明，复合膜呈现出疏水域/亲水域/纳米 ZrO_2 的复杂交联网络，在亲水域具有明显的均匀纳米粒子带状分布。采用多嵌段离子单体对阴离子交换膜进行改性，利用交联技术引入纳米 ZrO_2 粒子，提高了复合膜的电导率、力学性能和碱性稳定性。聚砜膜具有良好的机械稳定性、化学稳定性，可以在一定的高温范围内使用。

Zhang 等人[27]通过相转变方法制备多孔聚砜膜，通过界面扩散填充（3-丙烯酰胺丙基）三甲基氯化铵和 N,N-亚甲基双丙烯酰胺后，在紫外线照射下进行聚合，通过原位聚合形成网格塞的微观结构。结果表明，其碱性燃料电池性能在 60 ℃时峰值功率密度为 55 mW/cm^2。He 等人[28]认为阴离子交换膜应用的障碍之一是离子电导率较差，其原因在于阴离子交换膜形貌定义不明确，导致离子输运途径曲折。因此，他们提出一种新的策略，沿着苯基三甲基胺聚砜模型接枝亲水聚乙二醇侧链，形成含纳米级阴离子传输通道（直径为 5～10 nm）的阴离子交换膜。结果表明，氢氧根的电导率从 20.2 mS/cm 增加到 40.3 mS/cm。AEMFC 的峰值功率密度从 118 mW/cm^2 上升到 180 mW/cm^2。

5）聚苯乙烯类

膜材料聚苯乙烯是一种成本非常低的热塑性塑料，适合大规模商业化应用。Akihiko 等人[29]利用聚苯乙烯良好的可结晶性，且可有效地在树脂中形成孔隙的特性，研究了磺化聚苯乙烯在共混物中所发挥的作用。磺化聚苯乙烯的高结晶性有助于膜共混物中的各组分保持其形态,并且由于树脂比聚苯乙烯更容易发生磺化,这进一步提升了膜共混物的磺化水平。所制得的膜具有良好的导电性、低透水性和良好的保水性,而且价格低廉。Baglio 等人[30]开发了一种在聚乙烯骨架上接枝磺化聚苯乙烯的无氟质子导电聚合物电解质膜,可用于直接甲醇燃料电池(DMFC)。膜中的微观结构提高了该膜的利用率,使膜在直接甲醇燃料电池应用中表现良好,电池的峰值功率密度可达到 $18 \ mW/cm^2$,成本方面的优势更加明显。

6)聚芳醚酮类

聚芳醚酮(PAEK)类材料在膜材料领域的优势是热稳定性高、耐溶剂性强、机械性能良好。根据醚和酮单元的序列,聚芳醚酮类材料包含多种类型的聚合物,如聚醚酮(PEK)、聚醚醚酮(PEEK)等。该类聚合物的磺化衍生物可以作为 Nafiom 膜的低成本替代品,有助于降低甲醇渗透率。对于此类材料而言,关键是要在高的质子电导率和磺化程度之间找到平衡。与 Nafion 膜相比,磺化聚醚醚酮(SPEEK)聚合物膜对水、甲醇、氧气和氢气的渗透率较低。该材料具有高耐热性、优异的亲水性和在有机溶剂中溶解度良好等特点,可浇铸成膜。SPEEK 膜在许多应用过程中均具有良好的稳定性,有望发展成为成熟的工业质子交换膜。由聚芳醚酮类材料制备而成的膜具有良好的质子交换能力和质子传导性,这使得这类材料在 PEMFC 中也具有良好的应用前景。

7)酸碱共混物

作为一种潜在的膜材料替代品,酸碱共混物在高温下表现出良好的导电性,而且不受脱水影响。一般来说,燃料电池膜中所考虑的酸碱共混物是指将一种酸性成分加入碱性聚合物中以促进质子传导。这些共混物中使用的酸性和碱性聚合物具有特定的结构特征。

酸碱聚合物之间存在的相互作用,在不降低其柔性的前提下,对膜溶胀有着显著抑制作用,制备的膜含水率低、热稳定性高、质子电导率高。由碱性聚醚酰亚胺(PEI)和酸性磺化聚合物(如 SPPENK 等)共混制备的新型酸碱聚合物共混膜,表现出较好的抗溶胀性、热力学及化学稳定性,以及高的质子电导率,它们有望成为制备燃料电池质子交换膜的备选材料。Kerres 等人[31]将酸性聚合物 SPEEK 和碱性聚合物 PBI 复合制成 SPEEK/PBI,在离子交换容量仅为

1 mmol/g时,展现出好的热稳定性和高的质子电导率。此外,在 H₂ 燃料电池测试中,该膜表现出良好的性能。与 Nafion 膜相比,酸碱共混物膜的电导率与湿度无关,但对共混物的掺杂程度有较强的敏感性。

8)复合改性的无机-有机类质子交换膜

应用于质子交换膜的材料,诸如 Nafion 等,存在较多问题,许多研究者选择掺杂复合的方法来解决这些实际问题。在工业和研究中,复合材料由于来源广泛、成本低廉,所以应用最为普遍。复合材料在质子交换膜的研究中显示出良好的特性。Wang 等人[32]将聚酰胺酸加入磺化聚芳醚酮中,制备成一系列复合质子交换膜,研究结果表明,随着聚酰胺酸含量的增加,复合膜的吸水率和渗透率降低了,其中,复合膜的吸水率可以达到 13.2%,渗透率可以达到 $0.9×10^{-7}$ cm²/s,均低于 Nafion 膜。尽管加入聚酰胺酸后,复合膜的质子传导率有所降低,但是复合膜的膜选择性提高了,表明这一类复合膜有望成为 PEM 的替代材料。采用后磺化的方法将多壁碳纳米管磺化,将磺化碳纳米管掺杂进磺化聚合物中,形成的复合膜与原先的磺化聚合物相比,吸水率和质子传导率都有了明显的上升,溶胀率和甲醇渗透率也维持在一个非常低的水平,表现出了很好的性能。复合作为一种简单有效的方法被广泛应用于实验室研究和工业生产中,虽然复合方法本身无法满足所有材料的性能要求,但它确实提供了一种提升性能的直接途径,并为后续研究提供了一个快速而直接的方法。

4.4 离聚物和质子交换膜的挑战

目前全氟磺酸膜也存在不少的缺点,诸如制作成本高、不适应高温环境、燃料渗透率高等,这些缺点不仅严重影响了全氟磺酸膜的推广应用,而且缩短了电池的使用寿命。在燃料电池实际操作工况下,由燃料、空气以及燃料电池电堆腐蚀产生的阳离子污染物会严重削弱燃料电池的性能以及耐久性等。此外,全氟磺酸膜作为离聚物,其形貌和性能很大程度上取决于膜内离子基团间的相互作用。鉴于此,大量的研究者积极地对 Nafion 膜以及其他全氟磺酸膜进行加工和改良。

全氟磺酸膜由于具有微相分离结构,质子在传递的过程中需要依赖亲水相所形成的质子传输通道,因此其性能很大程度上取决于膜的含水率。这也进一步限制了 PEMFC 的操作温度,即需要在水的沸点以下。目前 PEMFC 最高操作温度一般为 $80\sim90$ ℃,并且需要气体加湿系统来保障膜较高的吸水率以及较高的质子传导率,这无疑增加了系统的成本。因此,研究者迫切希望找到一种在较高温度和较低湿度下性能较好的质子交换膜,从而简化 PEMFC 增湿系统以及水热管理系统,进而降低成本。

PEMFC 的性能除功率外,自然是耐久性,这与膜的降解密切相关,那么分析失效机制就必不可少。包括开路/低速运转和动态负载在内的恶劣条件都可能会导致严重的膜降解。质子交换膜最常见的失效机制可以分为两类:化学降解和机械降解。开路/低速运转是化学降解的主要触发因素。化学降解通常是由氧分子从阴极渗透到阳极侧引起的。阳极上的微量氧可以被铂催化剂还原,形成有害的过氧化氢自由基(HOO·)和羟基自由基(HO·)。然后,自由基的攻击可能会破坏 PFSA 膜中的氟碳主链,直接影响膜的机械强度和质子传导性,从而导致膜降解。图 4.5(a)所示为具有长侧链的 PFSA 膜的分子结构,图 4.5(b)所示为自由基攻击主链末端羧基导致膜的化学降解,图 4.5(c)所示为自由基攻击侧链末端 C—S 键导致膜的化学降解,图 4.5(d)所示为自由基攻击侧链内 α-OCF$_2$ 和 β-OCF$_2$ 导致膜的化学降解,图 4.5(e)所示为自由基攻击主链和侧链之间的叔碳支点导致 PFSA 膜的化学降解[33]。根据这种化学降解机制,消灭或减少自由基是关键。接枝自由基清除剂和有机抗氧化剂可以帮助聚合物膜获得卓越的化学稳定性并保持质子导电性(见图 4.6)。据报道,在膜内使用氧化铈作为自由基清除剂的膜,在加速耐久性试验(AST)条件下,其工作寿命比参考膜长得多。

另一个膜失效的原因是机械退化。动态负载的苛刻条件很容易导致膜的机械降解。在动态负载协议中,机械应力在膜内部产生,将导致机械降解。化学和机械降解往往同时存在,导致膜变薄,出现针孔、裂纹等(见图 4.7)。另外,膜的体积变化对湿度非常敏感。在燃料电池的启动过程中,膜吸收水分并膨胀,导致膨胀压力。为了减轻机械退化,膜通常被设计成在强化层(通常是多孔的聚四氟乙烯纤维)内的夹层结构,以使膜能够承受复杂的应力。这种类型的膜被称为强化膜,在商业应用中被广泛使用。

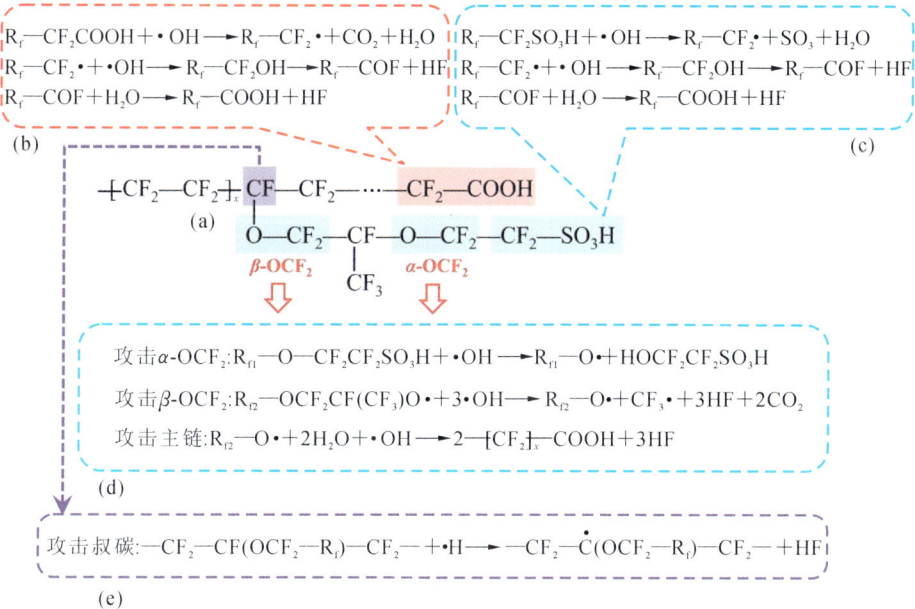

$$R_f—CF_2COOH+\cdot OH \longrightarrow R_f—CF_2\cdot +CO_2+H_2O$$
$$R_f—CF_2\cdot +\cdot OH \longrightarrow R_f—CF_2OH \longrightarrow R_f—COF+HF$$
$$R_f—COF+H_2O \longrightarrow R_f—COOH+HF$$

(b)

$$R_f—CF_2SO_3H+\cdot OH \longrightarrow R_f—CF_2\cdot +SO_3+H_2O$$
$$R_f—CF_2\cdot +\cdot OH \longrightarrow R_f—CF_2OH \longrightarrow R_f—COF+HF$$
$$R_f—COF+H_2O \longrightarrow R_f—COOH+HF$$

(c)

$$+CF_2—CF_2+_x CF—CF_2\cdots CF_2—COOH$$
(a)
$$O—CF_2—CF—O—CF_2—CF_2—SO_3H$$
$$\beta\text{-OCF}_2 \quad | \quad \alpha\text{-OCF}_2$$
$$CF_3$$

攻击α-OCF$_2$:R$_{f1}$—O—CF$_2$CF$_2$SO$_3$H+$\cdot$OH $\longrightarrow$ R$_{f1}$—O$\cdot$+HOCF$_2$CF$_2$SO$_3$H

攻击β-OCF$_2$:R$_{f2}$—OCF$_2$CF(CF$_3$)O$\cdot$+3$\cdot$OH $\longrightarrow$ R$_{f2}$—O$\cdot$+CF$_3$$\cdot$+3HF+2CO$_2$

攻击主链:R$_{f2}$—O$\cdot$+2H$_2$O+$\cdot$OH $\longrightarrow$ 2+CF$_2$+$_x$—COOH+3HF

(d)

攻击叔碳:—CF$_2$—CF(OCF$_2$—R$_f$)—CF$_2$—+$\cdot$H $\longrightarrow$ —CF$_2$—$\overset{\cdot}{C}$(OCF$_2$—R$_f$)—CF$_2$—+HF

(e)

图 4.5　质子交换膜化学降解机理

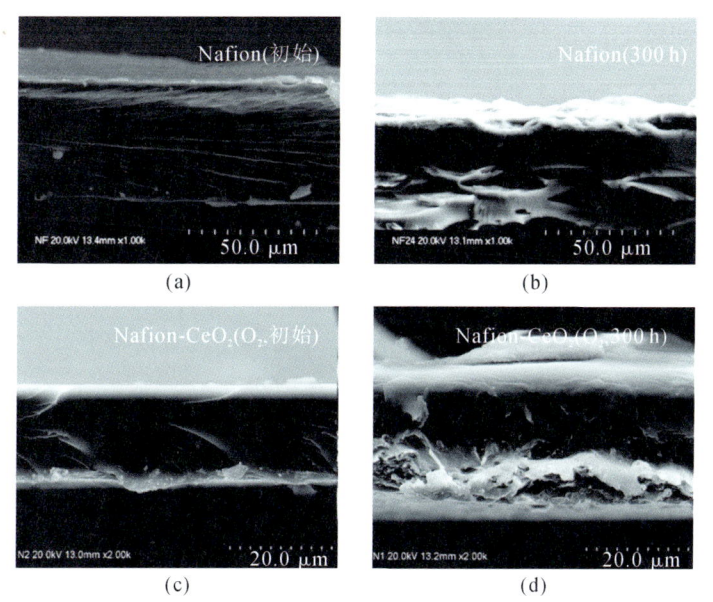

(a)　　　　　　　　　　(b)

(c)　　　　　　　　　　(d)

图 4.6　(a),(b) Nafion 膜稳定性测试前后的 SEM 图像对比；(c),(d) 掺杂 CeO$_2$ 的
Nafion(Nafion-CeO$_2$)膜稳定性测试前后的 SEM 图像对比

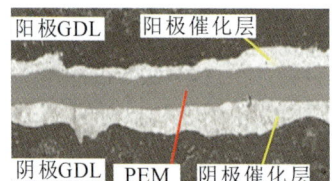

(a) 质子交换膜薄化

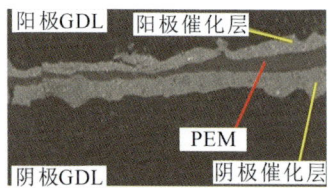

(b) 质子交换膜薄化稳定性测试之后[34]

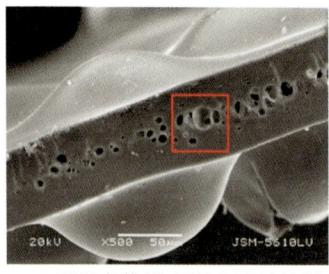

(c) 质子交换膜表面出现针孔[35]

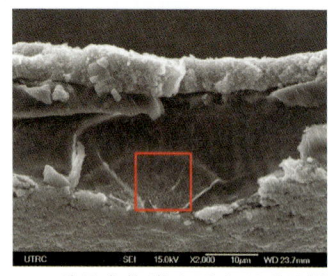

(d) 质子交换膜表面出现裂纹[36]

图 4.7 质子交换膜降解微观图

虽然磺化聚芳醚类 PEM 相比于 Nafion 膜在防止燃料渗透和成本等方面具有优势,但是为了获得较高的质子传导率而提高聚合物的磺化度会导致膜在高温、水合作用下出现较大尺寸的溶胀,从而影响膜的尺寸稳定性和机械稳定性。

磺化聚芳醚类 PEM 的质子传导机理与 Nafion 膜相似,为了保持高的质子传导率,水是必不可少的。因此,为了正常工作,其电池的运行温度需要低于 100 ℃。实验证明,当将电池的运行温度提高到 200 ℃时,可以提高电极催化剂的活性和稳定性,从而提高 PEMFC 的性能。而对于磺化聚芳醚类 PEM 和 Nafion 膜来说,当温度高于 100 ℃时,水分子将很快从膜内蒸发,膜的质子传导率将会急剧下降。也就是说,对水的严重依赖性成为燃料电池运行的主要问题,这也极大地限制了此类质子交换膜的商业化。因此,开发一种新型高温质子交换膜,使其质子传导不再依赖于水,既具有重要意义,也是一项重大的挑战。

本章参考文献

[1] FAN J T,CHEN M,ZHAO Z L,et al. Bridging the gap between high-

ly active oxygen reduction reaction catalysts and effective catalyst layers for proton exchange membrane fuel cells[J]. Nature Energy，2021，6 (5)：475-486.

[2] TANG M H，ZHANG S M，CHEN S L. Pt utilization in proton exchange membrane fuel cells：Structure impacting factors and mechanistic insights[J]. Chemical Society Reviews，2022，51(4)：1529-1546.

[3] KONGKANAND A，MATHIAS M F. The priority and challenge of high-power performance of low-platinum proton-exchange membrane fuel cells[J]. The Journal of Physical Chemistry Letters，2016，7(7)：1127-1137.

[4] LI Y X，LIANG L，LIU C P，et al. Self-healing proton-exchange membranes composed of Nafion-poly(vinyl alcohol) complexes for durable direct methanol fuel cells [J]. Advanced Materials，2018，30 (25)：e1707146.

[5] BOSE S，KUILA T，NGUYEN T X H，et al. Polymer membranes for high temperature proton exchange membrane fuel cell：Recent advances and challenges[J]. Progress in Polymer Science，2011，36(6)：813-843.

[6] ZHANG H W，SHEN P K. Advances in the high performance polymer electrolyte membranes for fuel cells[J]. Chemical Society Reviews，2012，41(6)：2382-2394.

[7] RAMANI V，SWIER S，SHAW M T，et al. Membranes and MEAs based on sulfonated poly(ether ketone ketone) and heteropolyacids for polymer electrolyte fuel cells[J]. Journal of the Electrochemical Society，2008，155(6)：B532-B537.

[8] STRONG A，BRITTON B，EDWARDS D，et al. Alcohol-soluble, sulfonated poly(arylene ether)s：Investigation of hydrocarbon ionomers for proton exchange membrane fuel cell catalyst layers[J]. Journal of The Electrochemical Society，2015，162(6)：F513-F518.

[9] SKALSKI T J G，ADAMSKI M，BRITTON B，et al. Sulfophenylated

terphenylene copolymer membranes and ionomers[J]. ChemSusChem, 2018, 11(23): 4033-4043.

[10] BALOGUN E, ADAMSKI M, HOLDCROFT S. Communication—non-fluorous, hydrocarbon PEMFCs, generating >1 W/cm² Power [J]. Journal of The Electrochemical Society, 2020, 167(8): 084502.

[11] HWANG M, NIXON K, SUN R, et al. Sulfonated pentablock ter-polymers as membranes and ionomers in hydrogen fuel cells[J]. Journal of Membrane Science, 2021, 633: 119330.

[12] NGUYEN H, LOMBECK F, SCHWARZ C, et al. Hydrocarbon-based Pemion™ proton exchange membrane fuel cells with state-of-the-art performance[J]. Sustainable Energy & Fuels, 2021, 5(14): 3687-3699.

[13] NGUYEN H, KLOSE C, METZLER L, et al. Fully hydrocarbon membrane electrode assemblies for proton exchange membrane fuel cells and electrolyzers: An engineering perspective[J]. Advanced Energy Materials, 2022, 12(12): 2103559.

[14] TANG H Y, GENG K, WU L, et al. Fuel cells with an operational range of −20 ℃ to 200 ℃ enabled by phosphoric acid-doped intrinsically ultramicroporous membranes[J]. Nature Energy, 2022, 7(2): 153-162.

[15] ZHAO Y, PAN J, YU H M, et al. Quaternary ammonia polysulfone-PTFE composite alkaline anion exchange membrane for fuel cells application[J]. International Journal of Hydrogen Energy, 2013, 38(4): 1983-1987.

[16] LI G W, PAN J, HAN J J, et al. Ultrathin composite membrane of alkaline polymer electrolyte for fuel cell applications[J]. Journal of Materials Chemistry A, 2013, 1(40): 12497-12502.

[17] LIN H L, YU T L, HUANG L N, et al. Nafion/PTFE composite membranes for direct methanol fuel cell applications[J]. Journal of

Power Sources, 2005, 150: 11-19.

[18] RAMANI V, KUNZ H R, FENTON J M. Investigation of Nafion®/ HPA composite membranes for high temperature/low relative humidity PEMFC operation[J]. Journal of Membrane Science, 2004, 232(1-2): 31-44.

[19] DEL RÍO C, MORALES E, ESCRIBANO P G. Nafion/sPOSS hybrid membranes for PEMFC. Single cell performance and electrochemical characterization at different humidity conditions [J]. International Journal of Hydrogen Energy, 2014, 39(10): 5326-5337.

[20] QIAO J L, FU J, LIU L L, et al. Synthesis and properties of chemically cross-linked poly(vinyl alcohol) - poly(acrylamide-co-diallyldimethylammonium chloride) (PVA - PAADDA) for anion-exchange membranes[J]. Solid State Ionics, 2012, 214: 6-12.

[21] MERLE G, HOSSEINY S S, WESSLING M, et al. New cross-linked PVA based polymer electrolyte membranes for alkaline fuel cells[J]. Journal of Membrane Science, 2012, 409-410: 191-199.

[22] TANAKA M, FUKASAWA K, NISHINO E, et al. Anion conductive block poly(arylene ether)s: Synthesis, properties, and application in alkaline fuel cells [J]. Journal of the American Chemical Society, 2011, 133(27): 10646-10654.

[23] LI N W, GUIVER M D, BINDER W H. Towards high conductivity in anion-exchange membranes for alkaline fuel cells[J]. ChemSusChem, 2013, 6(8): 1376-1383.

[24] DANG H S, JANNASCH P. A comparative study of anion-exchange membranes tethered with different hetero-cycloaliphatic quaternary ammonium hydroxides[J]. Journal of Materials Chemistry A, 2017, 5 (41): 21965-21978.

[25] YANG Y Q, WANG J, ZHENG J F, et al. A stable anion exchange membrane based on imidazolium salt for alkaline fuel cell[J]. Journal

of Membrane Science，2014，467：48-55.

[26] LI X H，TAO J X，NIE G H，et al. Cross-linked multiblock copoly (arylene ether sulfone) ionomer/nano-ZrO_2 composite anion exchange membranes for alkaline fuel cells[J]. RSC Advances，2014，4(78)：41398-41410.

[27] ZHANG X H，TAY S W，LIU Z L，et al. Alkaline anion-exchange polymer membrane with grid-plug microstructure for hydrogen fuel cell application[J]. Journal of Power Sources，2011，196(13)：5494-5498.

[28] HE S S，FRANK C W. Facilitating hydroxide transport in anion exchange membranes via hydrophilic grafts[J]. Journal of Materials Chemistry A，2014，2(39)：16489-16497.

[29] AKIHIKO T，MASANORI S，NORIO T. Polyelectrolyte，polyelectrolyte film，and fuel cell：EP20010904422[P/OL]. 2002-02-13. https://www.freepatentsonline.com/EP1179550A1.html.

[30] BAGLIO V，STASSI A，MODICA E，et al. Performance comparison of portable direct methanol fuel cell mini-stacks based on a low-cost fluorine-free polymer electrolyte and Nafion membrane[J]. Electrochimica Acta，2010，55(20)：6022-6027.

[31] KERRES J，ULLRICH A，MEIER F，et al. Synthesis and characterization of novel acid-base polymer blends for application in membrane fuel cells[J]. Solid State Ionics，1999，125(1-4)：243-249.

[32] WANG P，LIU Z C，LI X B，et al. Toward enhanced conductivity of high-temperature proton exchange membranes：development of novel PIM-1 reinforced PBI alloy membranes[J]. Chemical Communications，2019，55(46)：6491-6494.

[33] REN P，PEI P C，LI Y H，et al. Degradation mechanisms of proton exchange membrane fuel cell under typical automotive operating conditions[J]. Progress in Energy and Combustion Science，2020，

80：100859.

［34］TANG H L，SHEN P K，JIANG S P，et al. A degradation study of Nafion proton exchange membrane of PEM fuel cells［J］. Journal of Power Sources，2007，170(1)：85-92.

［35］LIM C，GHASSEMZADEH L，VAN HOVE F，et al. Membrane degradation during combined chemical and mechanical accelerated stress testing of polymer electrolyte fuel cells［J］. Journal of Power Sources，2014，257：102-110.

［36］HUANG X Y，SOLASI R，ZOU Y，et al. Mechanical endurance of polymer electrolyte membrane and PEM fuel cell durability［J］. Journal of Polymer Science Part B：Polymer Physics，2006，44(16)：2346-2357.

第 5 章
气体扩散层

5.1 引言

气体扩散层（gas diffusion layer，GDL）是膜电极的重要组成部分之一。在膜电极组成中，气体扩散层位于电池双极板（bipolar plates，BPs）和催化层（catalyst layer，CL）之间。GDL 通常由大孔基底层（macroporous substrate，MPS）和表面微孔层（microporous layer，MPL）构成。基底层通常是具有大量大孔的编织碳纤维物或碳纤维纸，并需要经过聚四氟乙烯（PTFE）等疏水剂进行疏水处理。在基底层上涂上微孔层以形成多层渐变的多孔结构。其中基底层与双极板接触，微孔层直接支撑着催化层。GDL 主要起到支撑催化层、导电导热、传输反应气体和排出生成物（水）的重要作用。

膜电极组装过程中，GDL 需要提供稳定的机械支持和良好的耐蚀性以保护膜和催化层在组装过程中不受损，同时确保 MEA 内各组件之间具有良好的界面接触，从而保证 MEA 内各组件的正常工作以及各传输通道的流通顺畅。在 MEA 的工作过程中，电子通过 GDL 在双极板和催化层之间有效传导。同样地，MEA 产生的热量也通过 GDL 有效地转移到双极板中。因此，GDL 应拥有优异的导电性和高导热系数。此外，为了确保足量的氢气和氧气及时进入催化层中发生反应，从而消除反应物的传输限制，GDL 被要求具有大孔结构和高反应物渗透率。而水管理问题是 GDL 最大的挑战之一。一方面，阴极侧的催化层中多余的产物水需要及时转移至 GDL 的流场中并及时排出，防止水在催化层中聚集而影响催化剂的耐久性和反应的进行；另一方面，阳极侧的催化层又需要有一定的湿度，以防止膜过于干燥而降低质子电导率。因此，水管理问题对 GDL 提出了很高的要求。综合上述需求，理想的 GDL 需要满足下列条件：足够高的物理稳定性（高压缩比和高弯曲刚度）；出色的化学稳定性（高表面稳定性和高耐蚀性）；尽可能高的电导率；高导热系数；理想的孔径分布、孔结构和孔隙率；良好的反应物渗透率；适宜的亲水性和疏水性。

为了实现 PEMFC 的最佳性能，优化 GDL 的结构和性能是必不可少的。这是因为 GDL 在解决 PEMFC 的水管理问题中起到了决定性的作用。因此，如今 GDL 的研究重点是改善 GDL 结构以优化水管理。湿度影响 PEM 和催化层中的离聚物的质子电导率，这使得 MEA 中需要有足够的水，以确保燃料电池拥有高质子电导率并尽可能减少欧姆损失。因此，阳极侧的 GDL 需要具备一定的亲水性，以防止水在阳极侧流失而降低其水合程度。然而，阴极侧的水管理问题与阳极侧的情况恰恰相反。在阴极侧的催化层中，反应会产生多余的水，一部分水会通过 PEM 转移到阳极侧，而其余部分的水则需要流入 GDL 并及时去除。若不及时去除，会导致水泛滥而引发一系列问题。因此，阴极侧的 GDL 需要具有一定的疏水性，以确保进入 GDL 内的水能及时被排出。此外，GDL 和催化层界面处需要具有一定的压力差，以使催化层中的液态水进入 GDL，这就要求 GDL 具有合适的孔径分布、孔隙率、孔结构。

5.2　材料

目前，商业用的基底层通常由厚度为 $100\sim400~\mu m$ 的碳纸、碳布或非制造布组成，其中碳纸具有多孔性和优异的力学性能，并且成本低廉、生产工艺简单，因此成为研究最多的 GDL 基底层材料。基底层一般的制备过程：成形、浸胶、热压、碳化和石墨化。目前，在成形过程中，大多数研究者使用的碳纤维为聚丙烯腈（PAN）基碳纤维[1,2]。也有部分研究者研究了不同前驱体碳纤维制备的基底层对燃料电池的影响[3-5]。Zhang 等人[3]对沥青基碳纤维进行树脂浸渍、模压和热处理，从而制备出碳纸。随着热处理温度的升高，电阻率和拉伸强度降低，d_{002} 减小，而 L_a 和 L_c 增大。d_{002} 通常指的是碳纤维纸或碳纤维材料中石墨微晶的层间距，是表征碳纤维石墨化程度的一个重要参数。d_{002} 值越小，意味着石墨微晶的层间距越小，石墨化程度越高。石墨化程度越高，碳纤维的导电性、热稳定性和机械性能通常越好。L_a代表碳纤维中石墨微晶的长度,即微晶尺寸在长度方向上的表现。其大小与碳纤维的力学性能密切相关。较大的L_a通常意味着更好的力学性能和更高的强度。这是因为较长的石墨微晶可以提供更强的结构支撑,从而提高碳纤维的整体性能。L_c在碳纤维材料中通常指的是碳纤维的延伸长度或有效长度。延伸长度可以通过拉伸试验来测量。将碳纤维纸裁成标准试样,进行拉伸试验前测量试样有效长度并标距,拉断后再测量标距内的长度变化,从而计算出伸长率,即延伸长度与原始长度的比值。延伸长度是评价碳纤维纸柔韧性和抗拉性能的重要指标之一。较长的延伸长度意味着碳纤维纸在受到外力作用时能够更好地保持其完整性和稳定性。Kinumoto 等人[6]利用竹纤维作为前驱体制备了碳纤维,经过电池测试后发现,由竹纤维制备的 GDL 和由常规聚丙烯腈基碳纤维制备的 GDL,其功率密度和极限电流密度都比较接近。除碳纤维前驱体种类外,碳纤维的长度[1,7,8]、直径[9]也会对基底层的性能产生影响。

碳纤维成形制备预制件后会使用树脂[5,10-12]作为黏结剂,然后进行热压、碳化和石墨化以调控碳纸的结构。Hung 等人[13]研究了酚醛树脂含量对基底层及电池性能的影响。酚醛树脂的含量越高,基底层的厚度和导电性也越高,但是透气性会下降,因此,电池性能会先上升后下降,这是因为导电性的升高虽然降低了欧姆阻抗,但是气体渗透率的降低增加了传质阻抗。Waseem 等人[14]制备了不同纤维/基体比的碳纸,适当的纤维/基体比可以保证导电性和机械强度,同时确保反应物和产物的充分传递,以减少欧姆和浓差极化,从而提升电池性能。可以看出,酚醛树脂含量较低时,碳纸的导电性、机械强度较差;酚醛树脂含量较高时,碳纸的孔隙率、平均孔径和透气度较低。此外,酚醛树脂属于硬碳,添加酚醛树脂的碳纸在碳化后缺乏韧性,易脆断。为了解决这些问题,许多研究者通过对基底层进行改性[15-18]或者添加不同粉体[8,19-23]来改善 GDL 的性能。

除了以上研究外,基底层的制备工艺也会影响其结构,进而影响基底层的性能。Ko 等人[24]使用不同的石墨化温度制备碳纸,随着石墨化温度的提高,碳纸的电阻率降低,L_c增加,d_{002}减小。用经过更高温度处理后的碳布制作的 GDL 具有更高的电流密度和功率密度。Liu 等人[25]以 190 ℃/min、

220 ℃/min、250 ℃/min、280 ℃/min 和 310 ℃/min 的速率碳化碳布,以研究碳化速率和燃料电池性能之间的关系。研究表明,随着碳化速率的升高,碳布的厚度和透气性不变,石墨化度下降,而面电阻率上升。Taherian 等人[8]开发了一种新工艺以制备 GDL,将碳纤维、酚醛树脂和膨胀石墨混合,干法制造碳纸。结果表明,优化的制备工艺制备出的碳纸的平均孔尺寸、透气性、电导率接近东丽碳纸,而且该碳纸比东丽碳纸的柔韧性更高。

5.3 气体扩散层特性

5.3.1 微孔层

PEMFC 对液态水的去除能力与微孔层的润湿性密切相关。研究证明,通过在催化层与基底层之间添加微孔层以构成多层气体扩散介质可以有效缓解"水淹"现象、维持膜电极的正常功能、促进水气传输。

微孔层所具有的适当的亲/疏水性有利于提高 PEMFC 的传质性能和极限电流密度。一方面,若微孔层疏水性过强,则容易导致质子交换膜的脱水,增加电子阻抗,从而影响 PEMFC 的性能。另一方面,微孔层中水负荷较高,会阻碍气体反应物进入电化学反应的表面活性位点,导致反应物在整个电极上的分布不均匀。

武汉理工大学材料复合新技术国家重点实验室对微孔层与燃料电池性能的构效关系进行了较多的研究。罗马吉等人[26]通过计算流体力学的方法,探究了微孔层对 PEMFC 水传输的影响:微孔层中的小孔阻碍了气态水的凝结,使更多的水以气体的形式通过扩散和对流的方式远离反应区域,在高电流密度下,微孔层有助于减少催化层附近的液态水的凝结,降低阴极催化上的"水淹"程度。覃群等人[27]探究了微孔层对 PEMFC 自增湿性能的影响,通过对碳粉进行酸处理,增强了碳粉的亲水性,制备了具有亲水/疏水复合孔结构的微孔层;通过对组装成的单体电池的性能进行测试发现,在无外增湿的情况下,使用制备的微孔层的电池较使用传统微孔层的电池的性能有所提高,在一定程度上可实现电池的自增湿操作。

5.3.1.1 结构特性

微孔层的结构改性重点在于调节其孔隙率和孔径分布，以增强其在不同条件下的适用性。虽然设计精良的单一微孔层能够满足特定条件下的使用要求，但在多变的环境条件下，通常需要组装多层微孔层来应对，这包括在高湿度条件下的除水和气体扩散、在干燥条件下保持膜的水合状态以及降低催化层与微孔层界面之间的接触电阻等。

(1) 孔结构。微孔层主要由导电碳系粉体和疏水物质（如 PTFE）等构成，不同的组分比例直接影响着微孔层的结构，对气体扩散层性能也产生相应的影响。采用梯度孔结构是微孔层改性的主要研究方向。詹志刚等人[28]的研究结果显示：微孔层的梯度孔结构能有效增强电极的水管理能力，且孔梯度越大，电池性能越好。在大电流密度下，具备梯度孔结构的微孔层的 GDL 的排水性能更好，极大地减少了大电流密度下电极的"水淹"现象。Kitahara 等人[29]构建了亲水性和疏水性并存的双层微孔层结构，这种双层微孔层结构使用 TiO_2 作为亲水性的微孔层覆盖在疏水性的微孔层上，疏水层位于亲水层和碳纸之间，提升了 MEA 在低湿度和高湿度情况下的性能。在低湿度的情况下，疏水层可以阻止亲水层的水的大量流失，能够有效地保证膜的湿度，提高电池的性能；在高湿度的情况下，这种双层微孔层也可以有效地促进阴极产生的水的排出，从而防止了"水淹"现象的发生，提高了电池的性能。同时，Kitahara 等人[30]还以保证膜的湿润和排出过剩的水为目的，构建了一种一层亲水层覆盖在两层疏水层上的三层微孔层结构，也同样能够在低湿度和高湿度的情况下提高电池的性能，在低湿度情况下，亲水层能够保证膜的润湿性。

(2) 厚度。厚度是微孔层的一个重要特征，与电、热以及流体传输阻力具有密切关系。微孔层厚度较小，容易导致传输介质纤维穿透而刺穿质子交换膜，由于具有较低的传质阻力，在高湿度条件下，低厚度微孔层更加方便传输液态水，防止"水淹"现象的发生。厚度较大的微孔层，由于具有一定的润湿性，因此可以避免在低湿度条件下出现膜脱水现象。基于不同材料制备的微孔层具有不同的微观结构，不同运行条件对微孔层的要求也不尽相同。因此应根据实际需要，对微孔层的厚度进行调整，保障 PEMFC 的最佳性能。

（3）孔径分布。改善孔径分布是促进传质的重要手段。可通过添加造孔剂、控制烧结温度以及穿孔三种方式制备具有不同孔径分布的微孔层。添加造孔剂是常用的提高孔隙率和改变孔径分布的方法。造孔剂主要包括一些盐类和聚合物，能够在一定烧结温度下分解挥发，气体逸出通道成为微孔层的孔隙，从而改变孔径分布和孔隙率。通过控制烧结温度来调节孔径分布分为两种情况：一种是控制不同温度下微孔层浆料烧结收缩时产生的微裂纹；另一种是通过调节温度使造孔剂部分/全部分解，从而控制气体逸出量和逸出速率，以此对孔径分布和孔隙率产生影响。穿孔一般是在微孔层烧结成形后，通过激光穿孔的方式对孔隙率和孔径分布进行定向调节。

除了以上三种调节孔径分布的方法外，近些年，有些研究者依靠新材料的应用实现了微孔层孔径分布的调节。毛林昌等人[31]通过静电纺丝和后续热处理的方法制备了多孔纳米碳纤维（PCNF），并以此构建膜电极的微孔层。与以炭黑颗粒作为微孔层呈现出的紧密堆积结构不同，由 PCNF 搭建的微孔层结构疏松，呈现三维贯通状，纳米尺寸的孔洞与由多孔纳米碳纤维堆积形成的尺寸较大的孔洞构成了一定的梯度孔结构，构成微孔层时具有一定的毛细效应，加速反应生成水从体系的排出。传质方面，梯度孔结构的存在有利于反应气体更为均匀地传输至催化层。

（4）表面粗糙度。当两个材料表面接触时，会存在接触电阻。如果材料表面粗糙，即使施加较大外力，也只有少数点真正接触，当电流通过界面时，会产生较大的表面膜电阻与收缩电阻，两者之和即为接触电阻。微孔层与催化层相邻，粗糙的微孔层表面减小了微孔层与催化层的接触面积，增大了欧姆阻抗。此外，粗糙的表面容易导致产物水的聚集，阻碍气体传输。

刘志鹏等人[32]研究了石墨片基微孔层的相关性能。结果表明：随着石墨片的加入，石墨片基微孔层的面电阻率和本体电阻相比于传统微孔层有所降低，研究者认为这主要是因为平铺或斜插的石墨片片状结构将不连接的炭黑颗粒相互连接并覆盖，为炭黑导电网络提供了额外的电子传输路径，从而缩短了电子传输路径，提高了导电能力。但当石墨片含量大于 5% 时，由于石墨片在表面上是以斜插或平铺方式展开的，表面粗糙度增加，导致酸性溶液优先腐蚀表面粗糙位置，腐蚀方式从之前的微裂纹腐蚀转变成表层碳粉处优先腐蚀。因此，当石墨片添加量超过 5％时,微孔层耐蚀性反而下降。

5.3.1.2 传输特性

(1)扩散性。燃料气体从阳极侧进入,首先通过气体对流作用进入双极板的流场通道,然后在浓度差和压力差的作用下于 GDL 中进行扩散,到达催化层,并在三相边界发生电化学反应。同时,空气或氧气从阴极侧进入,通过气体对流和扩散作用,穿过双极板和气体扩散层到达催化层,并发生还原反应,生成产物水。产物水又经催化层、气体扩散层到达双极板的流场通道,最后经气体流动作用从燃料电池中排出。

微孔层中存在水和气体的扩散。微孔层中的纳米孔(孔径小于 100 nm)主要以毛细管力的作用驱动水通过 GDL,而在低湿度条件下,较大的孔隙(孔径为 1～20 μm)对气体的扩散更为有利[33]。一般来说,随着孔隙尺寸的增大,气体扩散性更好。受到裂缝效应的启发,许多研究者设计了一种具有可控孔洞穿孔结构的微孔层[34-36],通过使用热分解造孔剂技术对微孔层进行精确的孔结构调控,以促进水的传输。随着造孔剂在热处理过程中的分解,微孔层表面会形成宽裂纹,此时,贯穿整个微孔层的大孔和宽裂纹为水传输提供充足的通道,小孔则为气体传输提供通道。这种设计使得电池在潮湿状态下表现出良好的运行适应性[37]。除此之外,在微孔层烧结制备过程中,由于浆料收缩,微孔层表面会产生裂纹。裂纹的存在对于 GDL 的耐久性是明显不利的,但是目前的一些研究发现,裂纹是液态水的主要传输通道。同时,对于气体扩散层中水、气的传输,裂纹的存在具有积极意义[38-41]。

(2)渗透性。气体在 GDL 中的渗透性随着孔隙率和孔隙尺寸的增大而增大。因此,具有大孔隙(孔径为 1～20 μm)和较高孔隙率的微孔层在高湿度条件下具有更好的气体渗透性。

(3)润湿性。微孔层的润湿性设计对于保障燃料气体的通畅、反应水的排出以及质子交换膜的润湿性具有重要意义,关乎燃料电池能否正常运行。通常会在微孔层制备过程中,通过疏水性或亲水性设计对微孔层的润湿性进行调控。

液态水在疏水性微孔层表面具有较低的附着力,便于液态水的排出。通常,将疏水性添加剂与微孔层浆料混合,共同烧结固化制备微孔层,或通过浸渍、喷涂、刷涂等方式对微孔层的疏水性进行调控。

微孔层中的亲水区可以从相邻的疏水区吸收水分,使疏水区的水饱和度保持低水平,对 GDL 在低相对湿度和高电流密度条件下的正常工作具有积极意义。为了实现微孔层的亲水性设计,通常在制备微孔层的浆料中使用亲水性添加剂或亲水性黏合剂,以及使用亲水性无机纳米材料对微孔层进行修饰等[42-44]。

除了以上对微孔层进行单独的亲/疏水性处理以外,还可以设计同时具备疏水层和亲水层的分级润湿微孔层,即微孔层由两层及以上的亲水层和疏水层构成,或在同一层中,既包含疏水性区域,又包含亲水性区域。分级润湿微孔层在低相对湿度条件下,可通过亲水层提供一定的水分,保持 PEM 的润湿。当相对湿度较大时,亲水层储备一定量的水,疏水层可将多余的水分排出。

(4) 热性能。PEMFC 的能量转换效率一般在 50% 左右,极化主要发生在阴极,因此扩散层尤其是阴极的扩散层应是良好的热导体。

5.3.2 基底层

5.3.2.1 结构特性

水管理在整个电池中起到非常重要的作用,为了防止 GDL 的"水淹"现象,一般会对其做疏水处理。最常用的疏水剂有聚四氟乙烯(PTFE)[45,46]、氟化乙烯丙烯共聚物(FEP)[9,47]以及各种氟化物。通常情况下,研究者们将基底层浸渍在疏水剂中,然后进行干燥和烧结处理以使基底层获得一定的疏水性,以改善基底层的排水性能。但是,燃料电池的水管理不能仅关注水分的排出,还需要使膜保持一定的湿度,避免过高的离子传输阻力。疏水处理可能会降低膜的含水率。并且由于氟化物的绝缘性,在使用氟化物对基底层进行疏水处理后会降低基底层的导电、导热性能。因此,如何平衡导热、导电和水管理性能,成为疏水处理的难题。

通常情况下,对基底层进行疏水处理采用浸渍的方式,将基底层放入疏水溶液中浸渍,然后进行干燥和烧结,以实现疏水剂(如 PTFE)在基底层中的均匀分布。疏水剂的添加量对电池性能的影响是非常关键的。Prasanna 等人[48]研究了基底层中 PTFE 含量对电池性能的影响,发现 PTFE 的质量分数为 20% 时能获得最佳电池性能,更高的 PTFE 含量会使基底层的孔隙率降低,从而降低气体渗透率。Chen 等人[49]制备了三种不同 PTFE 含量的 GDL,随着 PTFE 含量的增加,GDL 材料表面的接触角也随之增大,但是导热性逐渐下降。当 GDL 中 PTFE 的质量分数为 10% 时,燃料电池的输出功率密度最高,而当 PTFE 含量为 0 时,燃料电池的电流密度最大。除了 PTFE 含量对电池性能有影响外,相关研究还表明,PTFE 在基底层中的分布也会极大影响 GDL 的水管理性能[45,46,50-52]。Forner-Cuenca 等人[51]通过辐射诱导接枝对基底层进行局部调整,以改变其润湿性,研究结果表明,设计润湿性通道有助于提升燃料电池的水管理性能。事实上,基底层中的疏水处理对燃料电池也具有重要的影响,但是相关研究内容较少,大多数研究仍是针对表面微孔层,这可能是因为微孔层直接与催化层接触,微孔层的质量传输对反应进行的影响更为直接。

(1)厚度。基底层的厚度是影响电池性能的参数之一,其值通常为 $100 \sim 400~\mu m$。GDL 的厚度主要取决于操作条件和流场设计。基底层的厚度对 GDL 的水传输影响较大:在高湿度的条件下,较薄的基底层有利于高电流密度下的水传输;在低湿度条件下,较厚的基底层有利于膜的"保湿"。对此,已有不少研究者开展了相应的研究工作。Maheshwari 等人[53]制备了不同厚度的碳纸作为 GDL 的基底层,结果表明:减小碳纸的厚度有利于降低电阻率和气体传输距离,从而改善燃料电池的性能。然而,厚度的减小是有限制的,当碳纸的厚度过小时,会导致过低的力学性能,这不利于加工和燃料电池的组装。Shahraeeni 等人[54]的研究表明:薄的 GDL 可以通过添加疏水剂以提升电池性能,但对于厚样品而言,经疏水处理的样品与未经疏水处理的样品的 GDL 的最终水饱和度是相同的。因此,样品的厚度会影响 GDL 的水饱和度,从而影响电池性能。He 等人[55]认为,需要优化电极的厚度,如何拥有更多的通道和更短的传输距离是研究的重点。以上研究表明:一方面,基底层的厚度对水气传输距离有重要影响,从而影响浓差损耗;另一方面,基底层的厚度对膜的含水率有一定的影响,从而影响电池的欧姆损耗。因此,优化基底层的厚度,以寻求欧姆损耗和浓差损耗的平衡是必要的。

（2）孔径分布。GDL 基底层的孔隙大小并非均一，而是有不同尺寸，从而构成复杂的三维网络。通常情况下，基底层的孔径为 10～100 μm，也就是说，基底层的孔隙尺寸都较大。基底层的孔径影响着所有的传输性能，包括气体传输、水传输、电传输和热传输。Kong 等人[56]制备了具有不同孔径分布的 GDL，研究表明孔径分布是比孔隙率更为重要的参数。Park 等人[57]研究了具有不同孔径分布的基底层，发现碳纤维的长短会影响基底层的孔径分布。Gauthier 等人[58]的研究表明孔隙中最窄的地方是液态水渗透的主要阻碍，较小孔径的孔隙决定了水渗透的阻力。Takada 等人[59]的研究表明，对于孔径较大的 GDL，主要在靠近流场通道的地方出现较大的水滴，对于孔径较小的 GDL，形成的水滴均匀地分布在 GDL 中，孔径的大小影响着水的形成与传输。由于 GDL 的孔径分布对水传输的影响较大，所以也有一些研究者制备了具有梯度孔径的 GDL，以改善水传输性能。Balakrishnan 等人[60]使用静电纺丝技术制备了具有梯度孔径的 GDL。其微观结构具有较高的毛细管力，有助于催化层、GDL 中水的保持，也增强了膜的水合作用。此外，与纤维直径较大的 GDL 相比，具有梯度孔径的 GDL 可以缓解液态积水，降低传输阻力。

常见的测试 GDL 孔径分布的方法有压汞法、压水法和毛细管流动法。Park 等人[61]使用压汞法分析了 GDL 的多孔结构，使用一定的压力使汞浸入样品的内部孔隙中，有关孔径分布的数据需要从克服表面张力所需的压力中得出。然而这种方法由于汞极高的表面张力，需要极高的压力才能使汞浸入样品的孔隙中，会对样品产生破坏。压水法和压汞法的原理一样，使用液态水代替液态汞，这种方法适用于疏水样品，比较适合测试 GDL 的孔径分布。这种方法不仅较为环保，并且由于水的表面张力小于汞的表面张力，所以所需的压力较小，对样品的破坏性较小。Harkness 等人[62]使用了一种新型的压水法预测 GDL 在施加压缩载荷时的液态水行为。研究表明，与压汞法相比，压水法更适合表征 GDL 的孔径分布。毛细管流动法的原理与压汞法的原理相似，但是具体过程不一样。毛细管流动法先使用表面张力较小的液体浸润样品，确保所有孔隙都被液体润湿，然后使用加压气体将液体排出，同时监测气体的流量和所需的压力，从而得到样品的孔径。毛细管流动法对样品的破坏性小，但是仅能测试样品的通孔。

（3）孔隙率。GDL 的基底层是由纤维搭接的多孔结构,孔隙率是其最重要的特征之一。目前基底层的孔隙率通常为 $70\% \sim 90\%$,但是这是处于非原位状态基底层的孔隙率,原位状态下的孔隙率会更低,具体的数值取决于组装压力和 GDL 的机械性能。但是,目前没有好的方法来测试原位状态下的孔隙率。在 PEMFC 中,基底层较高的孔隙率可以降低传质损耗,提高氧气传输性能,但是同时也降低了其电子传输能力和机械性能,对电池产生不利影响。当基底层孔隙率过低时,反应气体和产物水的传输性能也会降低。因此,最佳孔隙率有助于降低燃料电池的损耗,从而显著提升电池性能。已经有部分研究者对其进行了研究,Zhan 等人[63]的研究表明,增加 GDL 的孔隙率有利于液态水的排出,设计孔隙率梯度可以进一步改善水管理。对于孔隙率相同的 GDL,孔隙率梯度越大,液态水越容易排出。在理论计算中,线性孔隙率表达式为 $0.4x + 0.4$ 的 GDL 性能最佳。这表明,除了孔隙率外,孔隙率的梯度也会影响电池性能。为此,Huang 等人[64]设计了具有梯度孔结构的 GDL。结果表明,当 GDL 具有孔隙率梯度,催化层侧孔隙率为 30%,流场通道侧孔隙率为 70% 时,电池的极限电流密度最高。这是因为孔隙率梯度导致毛细扩散率增大,有助于去除冷凝水。Shangguan 等人[65]使用流体体积方法对具有不同孔隙率分布的 GDL 中的液体水输运进行了数值研究。结果表明,液态水倾向于聚集在 GDL 的高孔隙率区域,当"V"形和倒"V"形孔隙率梯度较大时,水饱和度和流速较小,因为这种情况下水的渗透路径较少。

目前孔隙率的测量方法一般为煤油法、压汞法和压水法。Mathur 等人[7]使用煤油法测定了碳纸的孔隙率。这种方法是基于阿基米德原理,将样品放入煤油中,样品排开的煤油的重力等于样品所受到的浮力。因此,可以通过测量样品浸入煤油后煤油的位移来测量排开的煤油的体积,进而计算样品的孔隙率。煤油是非极性液体,表面张力较小,碳纸的孔径一般为 $1 \sim 100~\mu m$,煤油几乎能进入碳纸所有的孔隙中,以此测量其孔隙率。压汞法是目前最常用的孔隙率测量方法,因为压汞法能同时测量 GDL 的孔径分布。压汞法使用加压的方式使汞进入样品内部,其原理与压汞法测量孔径分布相同。但是由于汞具有极高的表面张力($486.5~mN/m$),压汞法需要较大压力才能将汞填充在样品内部,容易破坏样品内部结构,因此后续开发了压水法。压水法需要的压力比压汞法小,因此对样品的损伤比压汞法小,具体测试原理与压汞法相同。

（4）力学性能。GDL的机械性能是由基底层决定的,基底层支撑着微孔层、催化层和PEM。所以,基底层的机械性能对于PEMFC也至关重要。通常来说,先将GDL与PEM、催化层一起组装成MEA,然后将MEA放在两个双极板之间,加上一定的压力以组装成单电池。加压可以降低单电池内各零部件的接触电阻并防止反应气体泄漏,但是压缩力会降低GDL的孔隙率和孔径,从而影响其传输性能。此外,如果GDL强度较低,压缩可能会导致GDL变形并侵入流场通道中,堵塞反应气体进入流场的通道,增大传质损耗,因此基底层需要保持一定的机械性能。

可以从不同方面测试基底层的力学性能,如拉伸性能测试、弯曲性能测试、压缩性能测试。虽然在电池组装的过程中不存在拉伸应力,但是在生产制备基底层时,为了获得连续化生产的可能性,基底层必须具备一定的拉伸强度。当ASTM标准D828-97[66] *Standard test method for tensile properties of paper and paperboard using constant rate-of-elongation apparatus* 被撤回后,国际上尚未有统一的碳纸/碳布拉伸性能测试标准。Quintech和Freudenberg曾使用ISO 9073-3:1989这一标准[67] *Textiles—Test methods for nonwovens—Part 3:determination of tensile strength and elongation* 进行测试,到2023年,该标准也进行了重新修订以增加其适用性(ISO 9073-3：2023)[68]。国内制定了标准《质子交换膜燃料电池　第7部分:炭纸特性测试方法》(GB/T 20042.7—2014)[69],规定了碳纸(炭纸)拉伸性能测试标准。各个方法之间略有差异,但都依赖于测试获得的应力-应变曲线,原理上来说是相似的。将样品裁成条,然后放在夹具中,两头被夹具夹持,以一定的速度对样品进行拉伸,获得拉伸强度、断裂伸长率和应力-应变曲线。

基底层具备一定的弯曲强度是为了在工程化生产时采用卷对卷制造工艺。基底层刚性较大时无法弯曲,生产基底层时无法采用卷对卷制造工艺,增加了运输和制备成本。通常来说,弯曲性能一般由弯曲强度和弯曲位移表示。根据《质子交换膜燃料电池　第7部分:炭纸特性测试方法》(GB/T 20042.7—2014)[69]可知,测试弯曲性能时需要将样品放在固定的支座上,使压头垂直于样品,然后以一定的加载速度均匀地在样品上施加载荷,直至试样断裂,获得弯曲强度和弯曲位移。

压缩性能对于 GDL 来说最为重要,组装过程中的压力会压缩 GDL,进一步影响 GDL 所有的传输性能,然后影响 PEMFC 的性能。GDL 被压缩过多时,会过度减小 GDL 的孔隙率和孔径,还可能导致 GDL 侵入流场通道,堵塞流场内气体传输通道,增加浓差损耗;GDL 被压缩较少时,PEMFC 内的各零部件的接触电阻可能较大,不利于降低欧姆损耗。因此,压缩性能对 GDL 非常重要,能够尽可能地缩小欧姆损耗和浓差损耗。GDL 在被压缩时既要尽可能地降低其与催化层、流场通道之间的接触电阻和气体泄漏;又要尽可能地保持其厚度,使厚度的变化尽可能小。GDL 的压缩性能可以由其厚度的变化表示,厚度变化大表示容易被压缩,反之则难以被压缩。

5.3.2.2 传输特性

(1) 扩散性。反应气体从流场通道流入,通过气体扩散层后到达催化层。反应气体到达催化层的浓度决定了反应速率,反应气体的有效扩散率是影响传质损耗和极限电流密度的主要因素。为了有效降低在高电流密度下的传质阻抗,反应气体的有效扩散成为现在重要的研究方向之一。反应气体的传输有两种机制:由压力梯度引起的对流和由气体分子浓度梯度引起的扩散[70]。基底层是由碳纤维随机分布组成的三维网络结构,其孔径在 $1\sim100~\mu m$ 的范围内,相较于空气分子 70 nm 的平均自由程,高出了 $2\sim3$ 个数量级,所以气体分子以分子扩散的方式在基底层中传输。基底层中的气体扩散与基底层的材料和结构相关。Zamel 等人[71]发现对于不同结构的 GDL,即使在相同孔隙率的条件下,其扩散系数也会相差很大,在 GDL 中加入 PTFE 会降低 GDL 整体的孔隙率,从而降低气体扩散率。Flückiger 等人[72]的研究表明,黏结剂和碳纤维质量比大于 50% 时,气体有效扩散率会下降,PTFE 的处理也会导致气体有效扩散率下降,从而降低功率密度。

气体有效扩散率的测试分为原位测试和非原位测试。原位测试分为直接测试和间接测试,间接测试只能测试反应气体的传输情况,无法与水传输相关联[73]。Williams 等人[74]直接测量了氧气的有效扩散系数。结果表明,较高的渗透率与较大的孔隙有关,较大的孔隙有利于氧气的传输,因为它们有助于反应气体通过 GDL。有少数研究者采用非原位的方法测试了气体的有效扩散率。
Zamel 等人[75]建立了 Loschmidt 池以测定碳纸中的有效扩散系数,在这种测试
方法中,气体扩散过程遵循一维菲克扩散定律。Rohling 等人[76,77]验证了此方
法在测试气体有效扩散率方面的准确性。

(2)渗透性。在 MEA 中,水的渗透性对气体扩散有决定性的影响,是影响
电池性能的重要因素之一。GDL 的渗透性不仅决定了水的传输速率,还决定
了气体分布的均匀性。气体通过 GDL 传输到达三相反应位点,反应之后生成
产物水,包括液态水和气态水。大部分水会通过阴极的 GDL 到达流场通道后
被去除,水在 GDL 中运输的主要驱动力为毛细力。由此可见,表面张力效应在
PEMFC 中的液态水传输中起重要作用。由于 GDL 属于多孔结构,孔壁的润湿
性差异会导致液态水和气态水的压力不同,从而产生压力差。压力差可以驱动
液态水和气态水在 GDL 的孔隙中流动。压力差与 GDL 孔径的关系可以表
示为

$$p_c = \frac{4\sigma_{lq}\cos\theta}{d}$$

式中:p_c 是气态水与液态水之间的压力差;σ_{lq} 是液态水的表面张力系数;θ 是接
触角;d 是孔径。由此可见,无论是 GDL 的润湿性还是孔径,都会影响液态水
在 GDL 中的传输。

Sim 等人[78]通过改变基底层中 PTFE 的含量、微孔层中 PTFE 的含量和碳
载量,研究了各实验变量对液态水、水蒸气和气体渗透率的影响。随着基底层
中 PTFE 含量的增加,GDL 的孔径和孔隙减小,毛细压力梯度减小,导致基底
层中的孔隙被液态水堵塞。Wang 等人[79]的研究表明,GDL 的孔径分布对氧传
输速率有重要影响。此外,基底层液态水的饱和度也对气体传输速率有重要影
响。Sepe 等人[80]证明了 GDL 内液态水的分布取决于 GDL 的结构,如果 GDL
在厚度方向和平面方向上的液态水渗透率相同,液态水会在 GDL 内部聚集然
后突破孔隙。如果液态水在 GDL 平面方向上的渗透率高于厚度方向上的,则
液态水会在 GDL 内部横向填充孔隙,并且会逐渐累积,在获得足够大的压力后
突破平面内的孔隙。

目前测试液态水在基底层中的渗透性,主要是采用可视化的方式进行定性

分析,包括对 PEMFC 内液态水的直接成像[81-84]、中子射线照相/断层扫描[85-87]和 X 射线显微断层扫描[88-90]。Spernjak 等人[82]在透明的 PEMFC 中,可视化研究了液态水的传输行为,发现阴极具有微孔层时阳极的流场中才有液态水。Jiao 等人[81]通过可视化研究发现对于具有高压缩性的 GDL,液态水从扩散层内排到流场通道会比较困难。Ge 等人[83]的研究表明,阳极中液态水是在较冷和较亲水的孔道内传输的,在阳极 GDL 表面上没有发现水滴,与阴极侧形成鲜明对比。GDL 润湿性对阳极中的水分布有很大影响,在低电流密度下使用疏水性 GDL,水容易凝结在通道表面,而不是疏水性碳纸内部。Tüber 等人[84]通过实验研究了透明 PEMFC 阴极中反应物和产物的两相流动和传输,发现空气化学计量、温度、空气湿度和扩散层结构对液态水的传输有重要影响。液态水的直接成像一般是采用透明的材料代替原有材料进行观测,但是这可能会改变原有材料的物性参数,无法反映真实的传输状态。

中子成像技术对水的敏感度很高,可以用于观察 GDL 中的水分布和传输,但是不能分辨气态水和液态水,而且中子成像技术对碳纤维并不敏感。Bellows 等人[85]首次使用中子成像技术对 PEMFC 中的液态水进行观察。Owejan 等人[86]通过中子成像技术观察了 GDL 中的水传输行为,发现改变反应气体相对湿度会对 GDL 中液态水的累积产生影响。Hickner 等人[87]使用中子成像方法可视化分析了 PEMFC 中的水分布,研究表明,在低电流密度下液态水倾向于留在阴极侧,当产生的水量较多时,液态水也会大量存在于阳极中。Markötter 等人[38]通过将原位射线和断层扫描技术结合,观察了 GDL 中的水传输路径,发现 GDL 较大的孔隙与微孔层的裂缝之间的水传输有强烈相关性,水优先从此路径传递。

Flückiger 等人[88]使用 X 射线断层扫描技术研究了 GDL 中水的饱和度,这种方法可以对碳纤维和水分别进行 3D 成像,但是其分辨率仅为 $1~\mu m$。Suzuma 等人[89]采用 X 射线成像技术对 GDL 内部的液态水进行观测,发现水以蒸汽的形式进入 GDL,以小液滴的形式存在并传输,最后汇聚成大液滴进行突破。Sinha 等人[90]使用 X 射线断层扫描技术获得了气体吹扫过程中 GDL 内液态水的分布三维图。X 射线断层扫描技术虽然可以区分碳材料和水,能够较好地观察水的相变、生成和传输,但是 X 射线并不稳定,很容易被吸收和发生散射。

（3）润湿性。GDL 的润湿性对其传输性能的影响是至关重要的，在高电流密度下，催化层产生的水越来越多，如何快速排出水成为影响反应气体传输的关键因素，液态水在 GDL 中的饱和度对反应气体的传输有着决定性的影响。润湿性直接影响着液态水在 GDL 中的状态，决定了水传输的模式，如何改善 GDL 的水管理性能，目前的关键就是调控 GDL 的润湿性。目前，最直接调控基底层润湿性的方式是添加不同的疏水材料和改变疏水材料的含量。Chen 等人[49]研究了不同 PTFE 含量对燃料电池性能的影响。实验结果表明，GDL 中 PTFE 的含量对燃料电池的性能有非常显著的影响，但是并不是 PTFE 含量越高电池性能就越好，因为 PTFE 的含量也会影响 GDL 材料的导电性和导热性。因此，在燃料电池的设计过程中，应在综合考虑之后确定 PTFE 的最佳含量，以获得燃料电池的最佳性能。Lim 等人[91]研究了碳纸中疏水聚合物含量对 PEMFC 功率性能的影响，其使用氟化乙烯丙烯（FEP）作为疏水聚合物。随着 FEP 含量的增加，电池的最高功率密度呈先上升后下降的趋势，用由质量分数为 30% 的 FEP 浸渍的碳纸制备的 PEMFC 具有最佳电池性能。在以上研究中可以发现，虽然使用的疏水性聚合物类型不同，但是研究结果均表明不同疏水聚合物的含量对电池性能的影响趋势是相似的。

通常情况下，使用接触角表征材料的润湿性。接触角是液体润湿固体表面能力的量度，是指在气、液、固三相交点处所作的气-液界面的切线与固-液交线之间的夹角 θ。接触角分为三类：静态接触角、动态接触角和滑动接触角（见图 5.1）。其中，静态接触角是最常见的，接触角范围为 $0°\sim180°$，如果接触角小于 $90°$，则材料为亲水性，如果接触角介于 $90°\sim180°$ 之间，则材料为疏水性。通常情况下，接触角越小，则材料的润湿性越好。接触角与各个界面之间的界面张力有关，由 Young's 方程可见：

$$\cos\theta = \frac{\gamma_{s\text{-}g} - \gamma_{s\text{-}l}}{\gamma_{l\text{-}g}}$$

式中：$\gamma_{s\text{-}g}$ 是固体和气体界面的表面能；$\gamma_{s\text{-}l}$ 是固体和液体界面的表面能；$\gamma_{l\text{-}g}$ 是液体和气体界面的表面能[92]。但 Young's 方程仅考虑静态接触角，只能考虑材料表面的润湿性，并未考虑材料的粗糙度。

接触角的测试方法有三种：座滴（sessile drop）法、威廉氏板（Wilhelmy

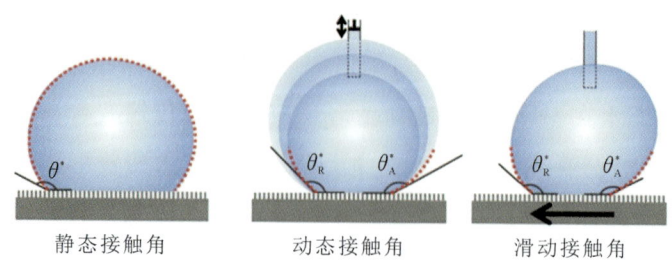

静态接触角　　　　　　动态接触角　　　　　　滑动接触角

图 5.1　接触角分类[93]

plate)法和毛细管上升法。座滴法通常用于直接测量静态接触角,Pai 等人[94]使用座滴法测量 GDL 的接触角,将液体滴在样品的表面,并通过拟合液固气三相切线测量接触角。Chun 等人[95]采用座滴法测量了 GDL 表面的接触角,在样品表面滴加一滴水,并通过与液体接触的固体表面三相接触点拟合出一个切线测试接触角。Wood 等人[96]使用威廉氏板法测试了 GDL 的表面润湿性,GDL 的接触角在很大程度上被其表面孔隙率和粗糙度所影响。Parry 等人[97-99]以威廉氏板法测试了 GDL 的动态接触角,将样品浸入液体中,同时测量使样品润湿一定的距离而产生的力,前进接触角是根据样品浸润液体时测得的力得到的,后退接触角是根据样品离开液体时所测得的力得到的。测试样品是由 Freudenberg 集团生产的 H2315 和 H2315T10A 两款产品,并没有微孔层。因为用威廉氏板法测试样品的接触角时必须保持两面的性质一致,所以此方法只能测试基底层。毛细管上升法最早是由 Neymann 等人开发的,后又经 Lim 等人修改,采用光学技术直接测量毛细管中液体的高度,从而计算出样品的接触角[91,100]。

　　(4) 热性能。反应气体和电子到达三相反应区后反应生成水和热,当 GDL 的热导率较低时,散热较慢导致电池温度升高,水会更多地以水蒸气的形式被除去,PEM 中的含水率不足导致较大的离子传输阻抗,并且目前常使用的 PEM 在 100 ℃ 以上时可能会被损坏。因此,有必要对电池进行有效的热管理,GDL 的热导率影响着电池的热传递和热分布,进一步影响着电池性能。GDL 的导热系数取决于厚度、孔隙率、疏水剂的含量和压缩力。Csoklich 等人[101]还提出 PEMFC 的热管理与水管理息息相关,较低的热导率增加了水以气相进行传递的占比。

GDL 的热导率分为平面方向热导率和厚度方向热导率。Unsworth 等人[102]采用稳态热流技术测定了 GDL 厚度方向上的有效热导率,该技术测试的传热系统中各点的温度仅随位置而变化,不随时间而改变,由于 GDL 的多孔性以及测试位置的不同,热导率可能有较大差异。Khandelwal 等人[103]改进了一种基于稳态方法的实验技术,用以精确测定 GDL 厚度方向上的热导率,但是此方法还是会因为 GDL 表面粗糙而影响实验结果。Zamel 等人[104]使用准稳恒条件(quasi-steady condition)技术和 Slug 法测试了 Toray 碳纸在厚度方向上的热导率,发现碳纸在厚度方向上的热导率高度依赖于温度和 PTFE 含量。与平面方向上的热导率不同,厚度方向上的热导率随温度的升高而升高。测试 GDL 平面方向上的热导率比测试厚度方向上的热导率更具挑战性。Sadeghi 等人[105]搭建了一个测试平面方向热导率的试验台,对具有不同 PTFE 含量的碳纸进行测试,发现由于热阻和实验条件的不确定性,在碳纸两面测得的热导率并不相同,测试平面方向热导率急需碳纸与测试台之间的热阻。Teertstra 等人[106]采用平行热传导技术(parallel thermal conductance,PTC)测试了 GDL 平面方向上的有效热导率,此技术可以直接基于热阻测量热导率,不需要其他的热物理参数,可以减小误差。Zamel 等人[107]采用准稳恒条件技术和 Slug 法测试了碳纸在平面方向上的热导率,发现碳纸在平面方向上的热导率会随着温度的升高而下降,并给出了热导率和电导率对温度变化的经验公式。

(5)电性能。基底层位于催化层和双极板之间,需要提供良好的电子传导性,以尽可能降低电池的欧姆损耗。由于基底层结构的各向异性,基底层所产生的电阻也分为体/面电阻和接触电阻。主要通过涂覆微孔层和增大组装压力来减小接触电阻[13,108,109]。Kim 等人[108]研究了有无微孔层时燃料电池阻抗的变化,无微孔层的燃料电池的阻抗明显高于有微孔层的燃料电池的阻抗。Hung 等人[13]测试了不同基底层在不同组装压力下的电池性能,结果表明高组装压力可以降低电池的欧姆阻抗。通常通过基底层改性和降低基底层厚度来减小体/面电阻[16,110,111]。Maheshwari 等人[110]在碳纤维表面添加了碳纳米管(CNT)涂层,使用 CNT 涂层的碳纤维能够降低 GDL 的电阻,并显著提高燃料电池的性能。Hung 等人[112]制备了超薄碳纸,实验表明碳纸厚度的下降能明显降低碳纸的体电阻率。

基底层的面电阻率一般使用四探针法进行测试,将四根排成一条直线的探针以一定的压力垂直地压在被测样品表面上,在1、4探针间通以电流 I(mA),2、3探针间就会产生一定的电压 V(mV)。根据测量到的电流和电压可以得到面电阻率。

通常情况下,将样品放在两个极板之间以测量GDL的体电阻,如果有不同厚度的GDL,可以根据得到的体电阻计算出材料与极板之间的接触电阻。该装置与测试面电阻率的装置类似,但是其极板和样品之间的接触电阻如何消除一直是测试的难点,已经有许多研究者为此进行了努力。Okel等人[113]开发了一种测量体电阻和接触电阻的装置,此装置使用液压千斤顶使样品和接触块压在一起。为了减少测试过程中接触电阻产生的影响,他们采用探针法测试电阻率。然而,这种方法在测试GDL时,使用的是面电阻率而非体电阻率,因此并未准确测量GDL的真实体电阻。Ismail等人[114]开发了一种测量GDL与双极板之间接触电阻的装置,但是只能测量不锈钢双极板与GDL之间的接触电阻,然而目前不锈钢双极板并不常用。Aydin等人[115]评估了各种不同的测量GDL体电阻率和面电阻率的方法。研究发现,结果的准确性高度依赖于测量方法。镀金电极可以降低电极和GDL样品之间出现的接触电阻,但是仍无法完全消除接触电阻。由于GDL的多孔性可能会降低结果的准确性,于是采用四探针法进行测试。目前,各种测量体电阻率和接触电阻率的方式都有其优缺点,都有待改进。

5.4 工业应用和产业化进展

根据相关测算,车用燃料电池市场对GDL的需求在2030年会突破2000万平方米。GDL的成本在燃料电池中占比较高,要降低燃料电池的成本,实现该部件的国产化突破是必然选择。美国能源部数据显示,GDL规模化生产将会带来大幅的成本降低。每生产10万套PEMFC系统,其中GDL成本占比为9%;每生产50万套,GDL成本占比为6%。

当前国家对GDL也同样非常重视,并鼓励和支持产业化:科学技术部将GDL批量制备技术列入"可再生能源与氢能技术"重点专项中;财政部、工业和信息化部、科学技术部、国家发展和改革委员会、国家能源局五部门在燃料电池汽车示范应用的"以奖代补"政策中,明确将 GDL 的关键材料列入关键零部件行列;山东省发展和改革委员会将 GDL 项目列入山东省新旧动能转换重大产业攻关项目。

5.4.1　国际上的应用及其进展情况

现阶段,燃料电池生产商大多采用日本东丽、美国 AvCarb、德国 SGL 等厂商的气体扩散层产品,其中东丽、AvCarb 占据较大的市场份额。东丽和 SGL 的产品链始于自己生产的碳纸,一直到微孔层涂布,最终形成燃料电池用的 GDL,具备深厚的基础碳材料开发和规模化生产能力。除了碳纤维基材,掌握材料的结构优化策略和水热管理方法也相当关键。

AvCarb 成立于 1950 年,在高阶材料研发与生产方面已有超过 70 年的悠久历史,其一直致力于研发和生产创新材料产品。自 1995 年起,AvCarb 公司开始对 GDL 材料进行研究并参与美国能源部的计划,进行高性能 GDL 开发并为全球燃料电池制造商供应 GDL。目前 AvCarb 的 GDL 绝大部分都应用于中国市场。AvCarb 二期 GDL 的产能扩产计划也已完成投产,这让 AvCarb 的整体 GDL 产能将跃升为原来产能的两倍。AvCarb 在中国本地化生产的计划正在积极推进中。

东丽公司是全球生产和营销碳纤维产品的领导者,其生产的碳纸具有高导电性、高强度、高气体透过率、表面平滑等多种优点。

巴拉德动力系统公司开发出了一种用于燃料电池气体扩散的碳纸。碳纸由以碳素纤维为主要成分的聚丙烯腈(PAN)制成。根据强度不同,厚度可在 $108\sim172~\mu m$ 之间,碳元素含量大于 99%,已投入批量生产。

5.4.2　国内的产业化情况

现阶段国产 GDL 跟国外的先进水平相比存在一定的差距。但 GDL 的国产化难度不是特别大,主要难点在工程化上,最关键的还是要解决供应链管理和质量控制这两大核心问题。GDL 的产业化涉及制浆造纸、涂布热压、碳化、石墨化等多个行业。其产业链条长、生产环节复杂,而且研发周期长、资金投入大,同时对工程技术平台和公用工程平台的依赖性较强。目前,微孔层的涂布并非主要技术难点,而实现碳纤维层面的碳纸国产化才是 GDL 自主化的关键突破点。这些因素限制了很多企业进入这个领域。对比已经进入产业化起步阶段、建设规模和产量都在上升的 MEA、PEM、催化剂等材料而言,GDL 项目建设消息偏少,建设进展稍慢。在此形势下,国内通用氢能、仁丰特材、亿氢科技、鸿基创能科技、国电投氢能、上海中石化、江苏天鸟、上海嘉资、华谊集团、锦美碳材等企业不同程度地加快了产业布局步伐,一些 MEA 生产企业开始着手导入国产 GDL 材料,国产 GDL 产品逐渐找到了市场应用的突破口。从 GDL 的技术指标来看,国外先进产品的电流密度达到 $2.5 \sim 3.0 \text{ A/cm}^2$,国内产品已经能达到中等水平。国产 GDL 在技术上已经达标,还需要打通验证的关卡,这个验证周期需要接近一年的时间。

通用氢能针对液冷、空冷燃料电池进行了不同的 GDL 产品的设计研发,后续还将推出阴阳极差异化的产品。该企业从产品的工艺、产品的制备、设备等方面进行知识产权布局,是国内首家采用卷对卷生产工艺的 GDL 批量化生产企业。目前,该企业位于深圳的生产线已经实现了年产 10 万平方米 GDL 的产能。天津生产基地预计将实现 100 万平方米 GDL 的产能。该企业的产品已经在巴拉德、捷氢科技、潍柴动力等众多头部燃料电池企业完成测试验证。

仁丰特材创立于 2006 年,是国内领先的特种纸材料骨干生产企业,生产规模为年产 50 万吨。拥有 GDL 生产的自主知识产权成果,于 2021 年开始设计和建设 150 万平方米/年的 GDL 生产线,其中一期 50 万平方米的 GDL 生产线于 2022 年下半年建成投产,该项目已列入淄博市"十四五"氢能产业重大示范及山东省能源领域重点技术攻关项目。从短切碳纤维原料开始,可以实现包括制浆、抄造、涂胶、热压、碳化、石墨化、疏水层涂布、微孔层涂布、烧结在内的全链生产,卷对卷产品实现了规模化。

亿氢科技在 PEM 和催化剂方面已经使用了国产材料,正在尝试导入国产的 GDL 产品。鸿基创能科技计划在一款膜电极产品中导入国产 GDL。按照示范期的补贴政策,在投入运营的氢燃料电池汽车中导入国产 GDL 可以获得 0.3 分的奖励积分,这为国产 GDL 技术追赶进口品牌提供了 4 年的发展窗口期。

本章参考文献

[1] MAHESHWARI P H，GUPTA C，MATHUR R B. Role of fiber length and pore former on the porous network of carbon paper electrode and its performance in PEMFC[J]. Fuel Cells，2014，14(4)：566-573.

[2] YANG H，TU H C，CHIANG I L. Carbon cloth based on PAN carbon fiber practicability for PEMFC applications[J]. International Journal of Hydrogen Energy，2010，35(7)：2791-2795.

[3] ZHANG X J，SHEN Z M. Carbon fiber paper for fuel cell electrode[J]. Fuel，2002，81(17)：2199-2201.

[4] INDAYANINGSIH N，ZULFIA A，PRIADI D，et al. Preparation of carbon composite from coconut fiber for gas diffusion layer[J]. Ionics，2016，22(8)：1445-1449.

[5] OH H，PARK J，MIN K，et al. Effects of pore size gradient in the substrate of a gas diffusion layer on the performance of a proton exchange membrane fuel cell[J]. Applied Energy，2015，149：186-193.

[6] KINUMOTO T，MATSUMURA T，YAMAGUCHI K，et al. Material processing of bamboo for use as a gas diffusion layer in proton exchange membrane fuel cells[J]. ACS Sustainable Chemistry & Engineering，2015，3(7)：1374-1380.

[7] MATHUR R B，MAHESHWARI P H，DHAMI T L，et al. Processing of carbon composite paper as electrode for fuel cell[J]. Journal of Power Sources，2006，161(2)：790-798.

[8] TAHERIAN R，GHORBANI M M，KIAHOSSEINI S R. A new method for optimal fabrication of carbon composite paper as gas diffusion layer used in proton exchange membrane of fuel cells[J]. Journal of Electroanalytical Chemistry，2018，815：90-97.

[9] HUNG C J，LIU C H，KO T H，et al. Effect of diffusion layers fabri-

cated with different fiber diameters on the performance of low tempera-
ture proton exchange membrane fuel cells[J]. Journal of Power Sources,
2013, 221: 134-140.

[10] KO T H, LIAO Y K, LIU C H. Effects of fabricated gas diffusion lay-
ers with different reinforce materials in proton exchange membrane fuel
cell (PEMFC)[J]. Energy & Fuels, 2008, 22(6): 4092-4097.

[11] XIE Z Y, JIN G Y, ZHANG M, et al. Improved properties of carbon
fiber paper as electrode for fuel cell by coating pyrocarbon via CVD
method[J]. Transactions of Nonferrous Metals Society of China, 2010,
20(8): 1412-1417.

[12] FU X W, WEI J, NING F D, et al. Highly flat and highly homogene-
ous carbon paper with ultra-thin thickness for high-performance proton
exchange membrane fuel cell (PEMFC)[J]. Journal of Power Sources,
2022, 520: 230832.

[13] HUNG C J, LIU C H, WANG C H, et al. Effect of conductive carbon
material content and structure in carbon fiber paper made from carbon
felt on the performance of a proton exchange membrane fuel cell[J].
Renewable Energy, 2015, 78: 364-373.

[14] WASEEM S, MAHESHWARI P H, ABINAYA S, et al. Effect of
matrix content on the performance of carbon paper as an electrode for
PEMFC[J]. International Journal of Energy Research, 2019, 43(7):
2897-2909.

[15] HU Z J, LIU B J, JIANG L, et al. Interfacial modification and disper-
sion of short carbon fiber and the properties of composite papers as gas
diffusion layer for proton exchange membrane fuel cell (PEMFC)[J].
BioResources, 2019, 10(1): 145-154.

[16] SANG M Z, MENG Y H, WANG S H, et al. Graphene/cardanol
modified phenolic resin for the development of carbon fiber paper-based
composites[J]. RSC Advances, 2018, 8(43): 24464-24469.

[17] KIM H, LEE Y J, PARK G G, et al. Fabrication of carbon paper containing PEDOT:PSS for use as a gas diffusion layer in proton exchange membrane fuel cells[J]. Carbon, 2015, 85: 422-428.

[18] KIM H, LEE Y J, LEE D C, et al. Fabrication of the carbon paper by wet-laying of ozone-treated carbon fibers with hydrophilic functional groups[J]. Carbon, 2013, 60: 429-436.

[19] KAUSHAL S, SAHU A K, RANI M, et al. Multiwall carbon nanotubes tailored porous carbon fiber paper-based gas diffusion layer performance in polymer electrolyte membrane fuel cell[J]. Renewable Energy, 2019, 142: 604-611.

[20] YANG P P, XIE Z Y, LI H B, et al. Graphene oxide reinforced ultrathin carbon paper used for fuel cells and the mechanisms of reinforcement[J]. International Journal of Hydrogen Energy, 2017, 42(16): 11699-11709.

[21] LIANG Y L, XIE Z Y, TU C J, et al. Influence of graphite powder on the properties of carbon paper for proton-exchange membrane fuel cells [J]. Carbon, 2013(52):625.

[22] LIU C H, KO T H, LIAO Y K. Effect of carbon black concentration in carbon fiber paper on the performance of low-temperature proton exchange membrane fuel cells[J]. Journal of Power Sources, 2008, 178 (1): 80-85.

[23] MAHESHWARI P H, MATHUR R B. Enhanced performance of PEM fuel cell using MWCNT reinforced carbon paper[J]. RSC Advances, 2014, 4(43): 22324-22333.

[24] KO T H, LIAO Y K, LIU C H. Effects of graphitization of PAN-based carbon fiber cloth on its use as gas diffusion layers in proton exchange membrane fuel cells[J]. New Carbon Materials, 2007, 22(2): 97-101.

[25] LIU C H, KO T H, KUO W S, et al. Effect of carbon fiber cloth with

different structure on the performance of low temperature proton exchange membrane fuel cells[J]. Journal of Power Sources，2009，186（2）：450-454.

[26] 罗马吉，张鑫，罗志平，等. 微孔层对质子交换膜燃料电池水传输的影响[J]. 华中科技大学学报（自然科学版），2010，38(7)：36-39.

[27] 覃群，罗志平，桂丹，等. 微孔层对PEMFC自增湿性能的影响[J]. 电池，2008(2)：79-81.

[28] 詹志刚，张永生，肖金生，等. 具有梯度结构扩散层的质子交换膜燃料电池性能研究[J]. 西安交通大学学报，2008(6)：770-773,787.

[29] KITAHARA T，NAKAJIMA H，INAMOTO M，et al. Novel hydrophilic and hydrophobic double microporous layer coated gas diffusion layer to enhance performance of polymer electrolyte fuel cells under both low and high humidity[J]. Journal of Power Sources，2013，234：129-138.

[30] KITAHARA T，NAKAJIMA H，INAMOTO M，et al. Triple microporous layer coated gas diffusion layer for performance enhancement of polymer electrolyte fuel cells under both low and high humidity conditions[J]. Journal of Power Sources，2014，248：1256-1263.

[31] 毛林昌，金俊宏，杨胜林，等. 多孔纳米碳纤维作为质子交换膜燃料电池微孔层的性能[J]. 化工进展，2020，39(10)：3995-4001.

[32] 刘志鹏，高平平，王攀，等. 石墨片改性质子交换膜燃料电池用微孔层性能研究[J]. 炭素技术，2021，40(5)：28-33.

[33] CHUN J H，PARK K T，JO D H，et al. Determination of the pore size distribution of micro porous layer in PEMFC using pore forming agents under various drying conditions[J]. International Journal of Hydrogen Energy，2010，35(20)：11148-11153.

[34] LU Z J，WALDECKER J，XIE X B，et al. Investigation of water transport in perforated gas diffusion layer by neutron radiography[J]. ECS Transactions，2013，58(1)：315-324.

［35］ KARTOUZIAN D，MOHSENINIA A，MARKÖTTER H，et al. Impact of porosity gradients within catalyst layer and MPL of a PEM fuel cell on the water management and performance：A neutron radiography investigation［J］. ECS Transactions，2019，92(8)：135-146.

［36］ ALINK R，HAUBMANN J，MARKÖTTER H，et al. The influence of porous transport layer modifications on the water management in polymer electrolyte membrane fuel cells［J］. Journal of Power Sources，2013，233：358-368.

［37］ SIMON C，KARTOUZIAN D，MÜLLER D，et al. Impact of microporous layer pore properties on liquid water transport in PEM fuel cells：Carbon black type and perforation［J］. Journal of the Electrochemical Society，2017，164(14)：F1697-F1711.

［38］ MARKÖTTER H，MANKE I，KRÜGER P，et al. Investigation of 3D water transport paths in gas diffusion layers by combined in-situ synchrotron X-ray radiography and tomography［J］. Electrochemistry Communications，2011，13(9)：1001-1004.

［39］ SASABE T，DEEVANHXAY P，TSUSHIMA S，et al. Soft X-ray visualization of the liquid water transport within the cracks of micro porous layer in PEMFC［J］. Electrochemistry Communications，2011，13(6)：638-641.

［40］ CHUN J H，JO D H，KIM S G，et al. Improvement of the mechanical durability of micro porous layer in a proton exchange membrane fuel cell by elimination of surface cracks［J］. Renewable Energy，2012，48：35-41.

［41］ MARKÖTTER H，HAUBMANN J，ALINK R，et al. Influence of cracks in the microporous layer on the water distribution in a PEM fuel cell investigated by synchrotron radiography［J］. Electrochemistry Communications，2013，34：22-24.

［42］ CINDRELLA L，KANNAN A M，AHMAD R，et al. Surface modification of gas diffusion layers by inorganic nanomaterials for perform-ance enhancement of proton exchange membrane fuel cells at low RH conditions[J]. International Journal of Hydrogen Energy, 2009, 34 (15): 6377-6383.

[43] SPERNJAK D, MUKUNDAN R, BORUP R L, et al. Enhanced water management of polymer electrolyte fuel cells with additive-containing microporous layers[J]. ACS Applied Energy Materials, 2018, 1(11): 6006-6017.

[44] AHN M, CHO Y H, CHO Y H, et al. Influence of hydrophilicity in micro-porous layer for polymer electrolyte membrane fuel cells[J]. Electrochimica Acta, 2011, 56(5): 2450-2457.

[45] KAKAEE A H, MOLAEIMANESH G R, GARMAROUDI M H E. Impact of PTFE distribution across the GDL on the water droplet re-moval from a PEM fuel cell electrode containing binder[J]. Internation-al Journal of Hydrogen Energy, 2018, 43(32): 15481-15491.

[46] ITO H, ABE K, ISHIDA M, et al. Effect of through-plane distribu-tion of polytetrafluoroethylene in carbon paper on in-plane gas permea-bility[J]. Journal of Power Sources, 2014, 248: 822-830.

[47] LIN J H, KO T H, KUO W S, et al. Effect of various hydrophobic concentrations and base weights of gas diffusion layer for proton ex-change membrane fuel cells[J]. Fuel Cells, 2010, 10(1): 118-123.

[48] PRASANNA M, HA H Y, CHO E A, et al. Influence of cathode gas diffusion media on the performance of the PEMFCs[J]. Journal of Power Sources, 2004, 131(1-2): 147-154.

[49] CHEN T, LIU S H, ZHANG J W, et al. Study on the characteristics of GDL with different PTFE content and its effect on the performance of PEMFC[J]. International Journal of Heat and Mass Transfer, 2019, 128: 1168-1174.

[50] WANG Y L, YUE L K, WANG S X. New design of a cathode flow-

field with a sub-channel to improve the polymer electrolyte membrane fuel cell performance[J]. Journal of Power Sources, 2017, 344: 32-38.

[51] FORNER-CUENCA A, MANZI-OREZZOLI V, KRISTIANSEN P M, et al. Mask-assisted electron radiation grafting for localized through-volume modification of porous substrates: Influence of electron energy on spatial resolution[J]. Radiation Physics and Chemistry, 2017, 135: 133-141.

[52] FORNER-CUENCA A, BIESDORF J, GUBLER L, et al. Engineered water highways in fuel cells: Radiation grafting of gas diffusion layers [J]. Advanced Materials, 2015, 27(41): 6317-6322.

[53] MAHESHWARI P H, SINGH R, MATHUR R B. Effect of the thickness of carbon electrode support on the performance of PEMFC [J]. Journal of Electroanalytical Chemistry, 2012, 673: 32-37.

[54] SHAHRAEENI M, HOORFAR M. Pore-network modeling of liquid water flow in gas diffusion layers of proton exchange membrane fuel cells[J]. International Journal of Hydrogen Energy, 2014, 39(20): 10697-10709.

[55] HE W S, YI J S, NGUYEN T V. Two-phase flow model of the cathode of PEM fuel cells using interdigitated flow fields[J]. AIChE Journal, 2000, 46(10): 2053-2064.

[56] KONG C S, KIM D Y, LEE H K, et al. Influence of pore-size distribution of diffusion layer on mass-transport problems of proton exchange membrane fuel cells[J]. Journal of Power Sources, 2002, 108 (1): 185-191.

[57] PARK J, OH H, LEE Y I, et al. Effect of the pore size variation in the substrate of the gas diffusion layer on water management and fuel cell performance[J]. Applied Energy, 2016, 171: 200-212.

[58] GAUTHIER E, DUAN Q, HELLSTERN T, et al. Water flow in, through, and around the gas diffusion layer[J]. Fuel Cells, 2012, 12

(5)：835-847.

[59]　TAKADA K，ISHIGAMI Y，HIRAKATA S，et al. Imaging of water droplets formed during PEFC operation on GDLs with different pore sizes[J]. Electrochemistry，2011，79(5)：388-391.

[60]　BALAKRISHNAN M，SHRESTHA P，GE N，et al. Designing tailored gas diffusion layers with pore size gradients via electrospinning for polymer electrolyte membrane fuel cells[J]. ACS Applied Energy Materials，2020，3(3)：2695-2707.

[61]　PARK S，POPOV B N. Effect of a GDL based on carbon paper or carbon cloth on PEM fuel cell performance[J]. Fuel，2011，90(1)：436-440.

[62]　HARKNESS I R，HUSSAIN N，SMITH L，et al. The use of a novel water porosimeter to predict the water handling behaviour of gas diffusion media used in polymer electrolyte fuel cells[J]. Journal of Power Sources，2009，193(1)：122-129.

[63]　ZHAN Z G，XIAO J S，LI D Y，et al. Effects of porosity distribution variation on the liquid water flux through gas diffusion layers of PEM fuel cells[J]. Journal of Power Sources，2006，160(2)：1041-1048.

[64]　HUANG Y X，CHENG C H，WANG X D，et al. Effects of porosity gradient in gas diffusion layers on performance of proton exchange membrane fuel cells[J]. Energy，2010，35(12)：4786-4794.

[65]　SHANGGUAN X，LI Y，QIN Y Z，et al. Effect of the porosity distribution on the liquid water transport in the gas diffusion layer of PEMFC[J]. Electrochimica Acta，2021，371：137814.

[66]　ASTM International. Standard test method for tensile properties of paper and paperboard using constant-rate-of-elongation apparatus：D828-97[S]. West Conshohocken，Pennsylvania，USA：ASTM International，2002.

[67]　ISO. Textiles—Test methods for nonwovens—Part 3：Determination

of tensile strength and elongation：ISO 9073-3：1989［S］. Geneva：ISO，1989.

［68］ ISO. Nonwovens—Test methods—Part 3：Determination of tensile strength and elongation at break using the strip method：ISO 9073-3：2023［S］. Geneva：ISO，2023.

［69］ 中华人民共和国国家质量监督检验检疫总局，中国国家标准化管理委员会. 质子交换膜燃料电池 第7部分:炭纸特性测试方法:GB/T 20042.7—2014［S］. 北京：中国标准出版社，2015.

［70］ ZHAO J，SHAHGALDI S，ALAEFOUR I，et al. Gas permeability of catalyzed electrodes in polymer electrolyte membrane fuel cells［J］. Applied Energy，2018，209：203-210.

［71］ ZAMEL N，ASTRATH N G C，LI X G，et al. Experimental measurements of effective diffusion coefficient of oxygen-nitrogen mixture in PEM fuel cell diffusion media［J］. Chemical Engineering Science，2010，65(2)：931-937.

［72］ FLÜCKIGER R，FREUNBERGER S A，KRAMER D，et al. Anisotropic，effective diffusivity of porous gas diffusion layer materials for PEFC［J］. Electrochimica Acta，2008，54(2)：551-559.

［73］ OWEJAN J P，TRABOLD T A，MENCH M M. Oxygen transport resistance correlated to liquid water saturation in the gas diffusion layer of PEM fuel cells［J］. International Journal of Heat and Mass Transfer，2014，71：585-592.

［74］ WILLIAMS M V，BEGG E，BONVILLE L，et al. Characterization of gas diffusion layers for PEMFC［J］. Journal of The Electrochemical Society，2004，151(8)：A1173-A1180.

［75］ ZAMEL N，LI X，ASTRATH N G C，et al. Determination of effective diffusion coefficient of oxygen-nitrogen mixture in carbon paper using a Loschmidt cell［Z］. Vancouver：s. n. 2009.

［76］ ROHLING J H，SHEN J，ZHOU J Q，et al. Application of the diffraction theory for photothermal deflection to the measurement of the temperature coefficient of the refractive index of a binary gas mixture [J]. Journal of Applied Physics, 2006, 99(10): 103107.

[77] ROHLING J H, SHEN J, WANG C, et al. Determination of binary diffusion coefficients of gases using photothermal deflection technique [J]. Applied Physics B, 2007, 87(2): 355-362.

[78] SIM J, KANG M, MIN K. Effects of basic gas diffusion layer components on PEMFC performance with capillary pressure gradient[J]. International Journal of Hydrogen Energy, 2021, 46(54): 27731-27748.

[79] WANG S X, WANG Y L. Investigation of the through-plane effective oxygen diffusivity in the porous media of PEM fuel cells: Effects of the pore size distribution and water saturation distribution[J]. International Journal of Heat and Mass Transfer, 2016, 98: 541-549.

[80] SEPE M, SATJARITANUN P, HIRANO S, et al. Investigating liquid water transport in different pore structure of gas diffusion layers for PEMFC using lattice boltzmann method[J]. Journal of the Electrochemical Society, 2020, 167(10): 104516.

[81] JIAO K, PARK J, LI X G. Experimental investigations on liquid water removal from the gas diffusion layer by reactant flow in a PEM fuel cell [J]. Applied Energy, 2010, 87(9): 2770-2777.

[82] SPERNJAK D, PRASAD A K, ADVANI S G. Experimental investigation of liquid water formation and transport in a transparent single-serpentine PEM fuel cell[J]. Journal of Power Sources, 2007, 170(2): 334-344.

[83] GE S H, WANG C Y. Liquid water formation and transport in the PEFC anode[J]. Journal of the Electrochemical Society, 2007, 154 (10): B998-B1005.

[84] TÜBER K, PÓCZA D, HEBLING C. Visualization of water buildup in the cathode of a transparent PEM fuel cell[J]. Journal of Power

Sources，2003，124(2)：403-414.

[85] BELLOWS R J，LIN M Y，ARIF M，et al. Neutron imaging technique for in situ measurement of water transport gradients within Nafion in polymer electrolyte fuel cells[J]. Journal of the Electrochemical Society，1999，146(3)：1099-1103.

[86] OWEJAN J P，TRABOLD T A，JACOBSON D L，et al. In situ investigation of water transport in an operating PEM fuel cell using neutron radiography：Part 2-Transient wateraccumulation in an interdigitated cathode flow field[J]. International Journal of Heat and Mass Transfer，2006，49(25-26)：4721-4731.

[87] HICKNER M A，SIEGEL N P，CHEN K S，et al. In situ high-resolution neutron radiography of cross-sectional liquid water profiles in proton exchange membrane fuel cells[J]. Journal of The Electrochemical Society，2008，155(4)：B427-B434.

[88] FLÜCKIGER R，MARONE F，STAMPANONI M，et al. Investigation of liquid water in gas diffusion layers of polymer electrolyte fuel cells using X-ray tomographic microscopy[J]. Electrochimica Acta，2011，56(5)：2254-2262.

[89] SUZUMA I，EJIRI E，HIRONO M，et al. Measurements of water droplet behavior in gas diffusion layer of PEFC using X-ray CT and substance microscope[J]. ECS Transactions，2009，16(24)：133.

[90] SINHA P K，HALLECK P，WANG C Y. Quantification of liquid water saturation in a PEM fuel cell diffusion medium using X-ray microtomography[J]. Electrochemical and Solid-State Letters，2006，9(7)：A344-A348.

[91] LIM C，WANG C Y. Effects of hydrophobic polymer content in GDL on power performance of a PEM fuel cell[J]. Electrochimica Acta，2004，49(24)：4149-4156.

[92] CASSIE A B D. Contact angles[J]. Discussions of The Faraday Socie-

ty，1948，3：11-16.

[93]　LIU T L，KIM C J. Contact angle measurement of small capillary length liquid in super-repelled state[J]. Scientific Reports，2017，7：740.

[94]　PAI Y H，KE J H，HUANG H F，et al. CF$_4$ plasma treatment for preparing gas diffusion layers in membrane electrode assemblies[J]. Journal of Power Sources，2006，161(1)：275-281.

[95]　CHUN J H，PARK K T，JO D H，et al. Numerical modeling and experimental study of the influence of GDL properties on performance in a PEMFC[J]. International Journal of Hydrogen Energy，2011，36(2)：1837-1845.

[96]　WOOD D L，RULISON C，BORUP R L. Surface properties of PEMFC gas diffusion layers[J]. Journal of The Electrochemical Society，2009，157(2)：B195-B206.

[97]　PARRY V，BERTHOMÉ G，JOUD J C. Wetting properties of gas diffusion layers：Application of the Cassie – Baxter and Wenzel equations [J]. Applied Surface Science，2012，258(15)：5619-5627.

[98]　PARRY V，APPERT E，JOUD J C. Characterization of the wetting properties of gas diffusion layers by the dynamic Wilhelmy plate method：Effects of the temperature of liquid water[J]. ECS Meeting Abstracts，2010，MA2010-01：271.

[99]　BENZIGER J，NEHLSEN J，BLACKWELL D，et al. Water flow in the gas diffusion layer of PEM fuel cells[J]. Journal of Membrane Science，2005，261(1-2)：98-106.

[100]　CAIN J B，FRANCIS D W，VENTER R D，et al. Dynamic contact angles on smooth and rough surfaces[J]. Journal of Colloid and Interface Science，1983，94(1)：123-130.

[101]　CSOKLICH C，SABHARWAL M，SCHMIDT T J，et al. Does the thermal conductivity of gas diffusion layer matter in polymer electro-

lyte fuel cells? [J]. Journal of Power Sources, 2022, 540: 231539.

[102] UNSWORTH G, ZAMEL N, LI X G. Through-plane thermal conductivity of the microporous layer in a polymer electrolyte membrane fuel cell[J]. International Journal of Hydrogen Energy, 2012, 37(6): 5161-5169.

[103] KHANDELWAL M, MENCH M M. Direct measurement of through-plane thermal conductivity and contact resistance in fuel cell materials [J]. Journal of Power Sources, 2006, 161(2): 1106-1115.

[104] ZAMEL N, LITOVSKY E, LI X G, et al. Measurement of the through-plane thermal conductivity of carbon paper diffusion media for the temperature range from -50 to $+120$℃[J]. International Journal of Hydrogen Energy, 2011, 36(19): 12618-12625.

[105] SADEGHI E, DJILALI N, BAHRAMI M. A novel approach to determine the in-plane thermal conductivity of gas diffusion layers in proton exchange membrane fuel cells[J]. Journal of Power Sources, 2011, 196(7): 3565-3571.

[106] TEERTSTRA P, KARIMI G, LI X. Measurement of in-plane effective thermal conductivity in PEM fuel cell diffusion media[J]. Electrochimica Acta, 2011, 56(3): 1670-1675.

[107] ZAMEL N, LITOVSKY E, SHAKHSHIR S, et al. Measurement of in-plane thermal conductivity of carbon paper diffusion media in the temperature range of -20 ℃ to $+120$ ℃[J]. Applied Energy, 2011, 88(9): 3042-3050.

[108] KIM J, KIM H, SONG H, et al. Carbon nanotube sheet as a microporous layer for proton exchange membrane fuel cells[J]. Energy, 2021, 227: 120459.

[109] CHEN J H, MATSUURA T, HORI M. Novel gas diffusion layer with water management function for PEMFC[J]. Journal of Power Sources, 2004, 131(1-2): 155-161.

[110] MAHESHWARI P H，MATHUR R B. Improved performance of PEM fuel cell using carbon paper electrode prepared with CNT coated carbon fibers[J]. Electrochimica Acta，2009，54(28)：7476-7482.

[111] HEO Y J，PARK M，KANG W S，et al. Preparation and characterization of carbon black/pitch-based carbon fiber paper composites for gas diffusion layers[J]. Composites Part B：Engineering，2019，159：362-368.

[112] HUNG C H，CHIU C H，WANG S P，et al. Ultra thin gas diffusion layer development for PEMFC[J]. International Journal of Hydrogen Energy，2012，37(17)：12805-12812.

[113] OKEL E，SCHAAR B，KANOUN O. Simultaneous measurement of bulk and contact resistance of conductive materials for fuel cells[C]. New York：IEEE，2008.

[114] ISMAIL M S，DAMJANOVIC T，INGHAM D B，et al. Effect of polytetrafluoroethylene-treatment and microporous layer-coating on the electrical conductivity of gas diffusion layers used in proton exchange membrane fuel cells[J]. Journal of Power Sources，2010，195 (9)：2700-2708.

[115] AYDIN Ö，ZEDDA M，ZAMEL N. Challenges associated with measuring the intrinsic electrical conductivity of carbon paper diffusion media[J]. Fuel Cells，2015，15(3)：537-544.

第 6 章
膜电极

6.1 引言

膜电极作为燃料电池的核心组件,其性能直接影响着燃料电池的整体性能。因此,对膜电极的研究具有重要的意义。本章旨在全面介绍膜电极的概况、制备技术的发展及制备工艺的进展,为相关研究人员和从业人员提供参考和指导。

6.1.1 膜电极简介

膜电极组件(MEA)是氢燃料电池系统的核心,是 PEMFC 发生电化学反应的场所,被称为氢燃料电池的"心脏"。膜电极与电堆的构成如图 6.1 所示。它为燃料电池提供了多相物质传递的微通道和电化学反应场所,直接决定了氢燃料电池的功率密度、耐久性和使用寿命。

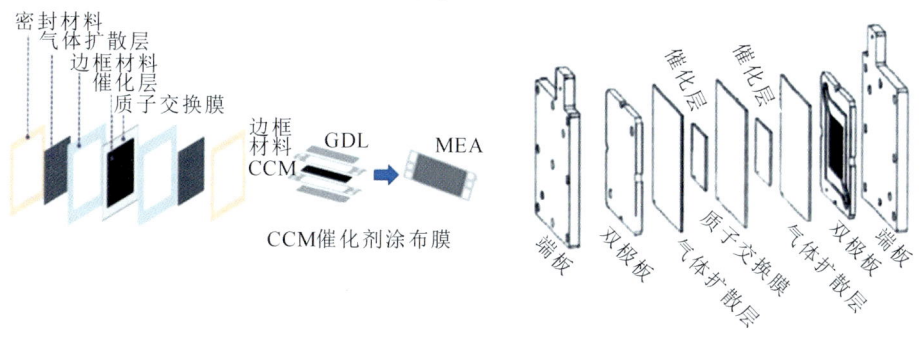

(a) 膜电极构成　　　　　　　　　(b) 电堆构成

图 6.1　膜电极与电堆的构成

MEA 通常由阴极扩散层、阴极催化层、电解质膜、阳极催化层和阳极扩散层组成。其中,PEMFC 的催化层提供了三相物质传输界面和电化学反应场所,使得反应气体、质子和电子能够在电催化剂的作用下发生反应或转移。催化层主要由 Pt/C 催化剂和离聚物构成。这一层的主要功能是降低反应过电位,提高反应速率。在催化层中,离聚物是质子的主要传输介质,而 Pt/C 催化剂的活性位点则是发生电化学反应的具体位置。Pt/C 催化剂、离聚物和反应气体会形成三相边界,提供电化学反应发生的环境。此外,催化层还需要具备良好的机械性能,以避免因装配负载过大而被压碎。同时,催化层的多孔结构使电化学反应产生的水和热可以通过相邻的 GDL 传导出去。

GDL 是一个重要的组成部分,它在 MEA 中起到支撑催化层、收集电流、传导气体和排出反应产物水的作用。GDL 通常由碳纤维纸、碳纤维编织布、非织造布及炭黑纸等材料制成,这些材料应具备高的孔隙率和适宜的孔径分布,以便于气体的传导和水的排出。由于 PEMFC 中使用的气体和电解质具有一定的腐蚀性,因此 GDL 需要具备耐蚀性。此外,GDL 还需要具有良好的导热性能,以便将电池在反应过程中产生的热量传导到双极板,保持 MEA 的温度适宜。同时,GDL 还具备机械支撑作用,保护催化层和 PEM 不受损坏。为了提高 PEMFC 的耐久性,还需要关注 GDL 的稳定性。GDL 的稳定性与其制造材料、工艺和结构等因素有关。商业化的软碳纸和硬碳纸是常见的 GDL 材料,但它们在高电位氧化和酸液浸泡等条件下可能会发生衰减。因此,对 GDL 进行加速衰减实验是评估其耐久性的重要手段之一。总体而言,GDL 在 PEMFC 中起到了关键的作用,其性能和稳定性对电池的性能和耐久性具有重要影响。因此,研究和开发具有优异性能和稳定性的 GDL 材料是提高 PEMFC 效率和耐久性的重要途径之一。

PEM 是一种离子选择透过性膜,在电池中起到为质子迁移和传输提供通道、分离气体反应物并阻隔电解液的作用。它作为质子传递载体,将阳极催化层产生的质子转移至阴极催化层,并与氧气反应生成水。同时,PEM 作为物理屏障,将阳极燃料与阴极燃料分开,避免二者直接接触。此外,PEM 不导通电子,迫使电子通过外电路传导,达到对外提供能量的目的。目前研究的 PEM 材料主要是磺化聚合物电解质,按照含氟量分为全氟磺酸膜、部分氟化聚合物膜、新型非氟聚合物膜、复合膜等。目前,全氟磺酸膜由于具有优秀的热稳定性、化学稳定性、较高的机械强度以及较高的产业化程度而得到广泛应用。

性能毫无疑问是评价 MEA 的重要指标,MEA 的性能直接决定了燃料电池的效率和寿命。以下是 MEA 的一些关键性能指标:

(1)电化学性能。包括电导率、电催化活性、离子传输性能等。这些指标能够衡量 MEA 传导电流、催化反应和传输离子的能力,是 MEA 最重要的性能指标。

(2)机械强度。MEA 需要承受一定的机械应力,因此其机械强度对电池的稳定性和寿命有重要影响。

(3)耐久性。该指标能够衡量 MEA 在长时间使用或循环使用过程中的稳定性和寿命。MEA 的耐久性主要受到其化学和电化学性质的影响,这些性质在长时间的使用过程中可能会发生变化,导致 MEA 性能衰减。MEA 的耐久性受到其材料稳定性的影响。例如,PEM 的化学稳定性对其在燃料电池运行过程中的性能至关重要。此外,催化剂的稳定性也对 MEA 的耐久性有重要影响。在电化学方面,运行过程中的电流密度和电压分布可能会影响 MEA 的性能和耐久性。为了提高 MEA 的耐久性,科研人员正在进行大量的研究工作。例如,他们正在研究新的 PEM 材料,以提高其化学稳定性。此外,他们也在研究新的催化剂制备方法,以提高催化剂的稳定性和抗衰老性能。总的来说,MEA 的耐久性是一个重要的研究领域,需要科研人员不断探索和改进,以实现燃料电池的长寿命和高效运行。

(4)成本。MEA 的成本也是评价其性能的重要因素,低成本 MEA 有利于降低燃料电池的成本,提高其市场竞争力。MEA 的成本因规模、技术水平、制造工艺和原材料等因素不同而异。目前,MEA 的成本在不断降低,但仍然较高,需要进一步的技术创新和产业化发展才能实现 MEA 的大规模应用。

(5)多相传输性能。MEA 负责燃料电池内的多相物质传输,包括液态水、氢气、氧气、质子和电子传输等。具备高效多相传输能力的 MEA 能减少电堆系统的辅机消耗,降低电堆成本和提高电堆系统的可靠性。

上述这些性能指标可以通过实验测试来获得,是评价 MEA 性能的重要依据。

MEA 的制备工艺也是燃料电池领域的核心技术之一,涉及搅拌、涂布、贴合、热压和模切等生产工序。在制备过程中,需要保证 MEA 具有良好的气体渗透性、电化学性能和稳定性,以确保其长寿命和低成本。MEA 的制备工艺有多种,包括溶液浸渍法、沉积法、涂覆法、热压法等。其中,热压法是一种常用的制备工艺,其基本过程是将电催化剂粉料与聚合物乳液混合,经超声制成均匀的电极油墨,然后将电极油墨涂布在基底上,经干燥后形成催化层。在制备过程中,需要控制电极油墨调制时的聚合物乳液用量、混合分散度、涂布均匀性和热压温度、压力及热压时间等因素。此外,MEA 的制备工艺还有丝网印刷法、催化剂直接还原法、喷涂法和一次滚压成形法等。在实际应用中,需要根据具体需求选择合适的制备工艺和材料,以达到所需的性能指标和产品要求。同时,需要不断优化制备工艺和材料选择,以提高 MEA 的性能和稳定性,并降低成本。

此外,燃料电池电堆生产流程主要包含 MEA 制备、双极板制备和电堆装配三大环节。因此,MEA 的生产也是氢燃料电池制造过程中的关键环节之一。

6.1.2 MEA 在产业链中的环节

如图 6.2 所示,MEA 是燃料电池技术的核心部分,处于产业链上游,是燃料电池产业链的关键环节。MEA 由 PEM 和电极(包括催化层和扩散层)等关键部分构成,负责氢气和氧气的传输以及电流和水的生成。MEA 的制备工艺和技术水平直接关系到燃料电池的整体效率和寿命,因此在燃料电池产业链中占据举足轻重的地位。从应用角度看,MEA 在交通、电力、便携式电源等多个领域都发挥着至关重要的作用,其质量和性能决定了燃料电池系统的功率密度、效率和长期运行能力。因此,MEA 技术的不断突破和进步对于推动燃料电池技术的商业化应用具有深远意义。同时,MEA 技术的发展并不是孤立的,它与整个燃料电池产业链的发展密切相关。例如,PEM、催化剂等原材料的品质和制备工艺,以及双极板的设计和加工技术等,都会对 MEA 的性能和成本产生重要影响。因此,要实现燃料电池技术的商业化应用,就必须推动整个产业链的发展,包括 MEA 技术的不断进步。值得一提的是,目前全球范围内的许多企业和科研机构都在致力于燃料电池技术的研发和应用。例如,一些知名的汽车制造商（如丰田、本田、通用等）都在积极研发燃料电池汽车，同时，许多能源公司和科研机构也在研发燃料电池相关技术。这些努力将有助于推动膜电极技术的进一步发展和商业化应用，从而为未来的能源产业和社会发展做出重要贡献。

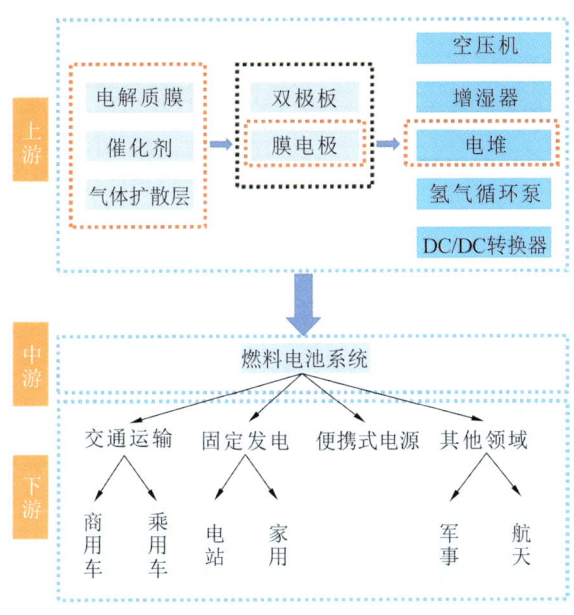

图 6.2　MEA 在产业链中的环节

　　总之，MEA 是燃料电池技术的核心部分，处于燃料电池产业链的关键环节。其制备技术和品质直接决定了燃料电池的性能和成本，是实现燃料电池商业化应用的重要前提。在未来，随着技术的不断进步和应用场景的不断拓展，MEA 在燃料电池产业链中的作用和地位将更加重要。

6.1.3　MEA 的市场规模

　　随着技术的不断进步，MEA 的需求量逐渐增加，市场规模也不断扩大。MEA 市场规模受到多种因素的影响，包括技术发展、政策支持、市场需求等。随着技术的不断进步，MEA 的效率和可靠性不断提高，使得其在更多领域得到应用。同时，各国政府对可再生能源和清洁能源的大力支持，也推动了 MEA 市场规模的扩大。此外,随着社会对能源安全和环境保护的日益重视,燃料电池、电解池等清洁能源技术得到更广泛的应用,进一步拉动了 MEA 市场的需求。

从区域分布来看,MEA 市场主要集中在美国、日本、欧洲等发达国家和地区。这些国家和地区拥有先进的技术和成熟的产业链,在燃料电池和电解池领域具有较高的研发和应用水平。同时,这些国家和地区的政府对可再生能源和清洁能源的支持力度也较大,为 MEA 市场的发展提供了良好的政策环境。

要精确分析 MEA 的市场规模,首先就要分析其成本构成。在氢燃料电池系统中,电堆占总成本的比例高达 60%,MEA 又占电堆总成本的 60%。随着生产规模的逐步扩大,MEA 在电堆成本中的占比有望从 60%(年产 1000 套电堆)下降至 47%(年产 50 万套电堆)。因此,MEA 不但决定着燃料电池的性能和寿命,同时也是降低燃料电池成本的核心环节。

MEA 的成本构成见图 6.3。MEA 中最重要的组成部分之一是膜,它占据了整个成本的很大一部分。目前常用的主要是全氟磺酸膜,其价格较高,是影响 MEA 成本的重要因素之一。催化剂是 MEA 中不可或缺的组成部分,用于加速电极反应的进行。目前常用的催化剂主要是 Pt 基催化剂,其价格昂贵,同样显著影响成本。MEA 的制备工艺也是影响其成本的重要因素。制备工艺包括多个步骤,如涂布、热压、电化学处理等,这些都需要耗费大量的时间和能源,因此其成本也比较高。

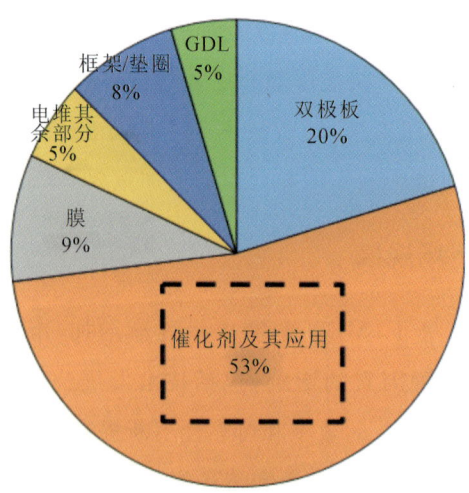

图 6.3　MEA 的成本构成(按照年产 10 万套电堆进行估算)[1]

再就是燃料电池汽车的市场规模,假设 2021 年、2025 年、2030 年燃料电池汽车需求量达 1.5 辆、10 万辆、100 万辆,考虑燃料电池重卡投放运行量,单车系统额定容量将由此前的以 30 kW 为主逐步提升至 100 kW 左右。MEA 功率密度由目前的 1 W/cm² 逐步升至 1.5 W/cm² 以上,对应 2030 年的 MEA 需求接近 1000 万平方米,2030 年市场规模为 350 亿元(见图 6.4)。

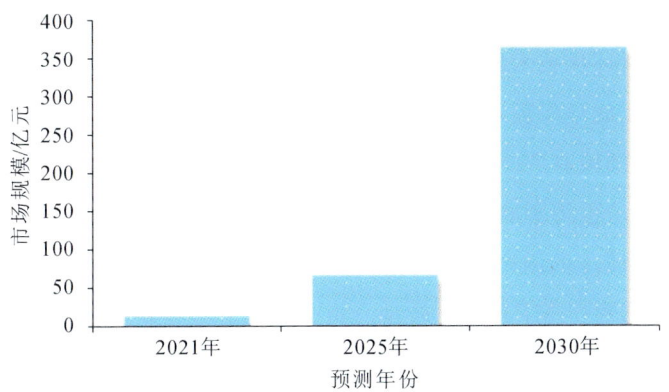

图 6.4 2021 年、2025 年、2030 年 MEA 市场规模预测

未来,随着技术的不断进步和市场规模的持续扩大,MEA 市场规模有望继续保持快速增长。一方面,技术的进步将进一步提高 MEA 的效率和可靠性,拓宽其应用领域;另一方面,随着全球对可再生能源和清洁能源的重视程度不断提高,燃料电池、电解池等清洁能源技术将得到更广泛的应用,进一步拉动 MEA 市场的需求。

总的来说,MEA 市场规模的扩大主要得益于技术进步、政策支持和市场需求等多方面因素的综合作用。未来,随着这些因素的持续推动,MEA 市场规模有望保持快速增长。

6.1.4　MEA 行业未来发展趋势

宏观来讲,MEA 行业是一个涉及多个应用领域的行业,其未来发展趋势可能受到多种因素的影响,包括但不限于技术进步、市场需求、政策法规、经济发展等。随着科技的不断进步,MEA 的制造技术将不断得到改进,从而提高其性能和效率。这可能涉及新型材料的开发、制备工艺的改进等方面。MEA 的应用领域非常广泛,包括汽车、石油化工、制药、生物技术、诊断、环境监测、燃料电池等。未来市场需求的变化以及政府对环保和新能源的支持力度都将直接影响 MEA 行业的发展。例如,政府对新能源汽车的政策支持可能会增加市场对燃料电池用 MEA 的需求。MEA 的制造需要大量的原材料和设备,经济发展状况将直接影响 MEA 的成本和价格。随着经济的发展和技术的进步,MEA 的成本可能会逐渐降低,从而推动其在更多领域的应用。而随着全球环境问题的日益严重,对环保技术的需求也越来越高。MEA 在污水处理、空气净化等方面应用广泛,因此环保需求的增加可能会促进 MEA 行业的发展。此外,MEA 在燃料电池等领域有广泛应用,随着新能源市场的不断扩大,对燃料电池等新能源技术的需求也将不断增加,从而推动 MEA 行业的发展。而随着燃料电池的飞速发展,MEA 的国产化率大幅度提升,产业初期,产业链集中攻关的重点在系统及电堆,对于 MEA 关注较少。由于产业链存在缺失,电堆企业采购工艺较为成熟的进口 MEA,显然后者的性能优势较为明显,占据了大部分市场。从 2019 年开始,国产 MEA 市场占有率逐渐上升,尤其是独立公司开始发力,推动了一批优秀的专业 MEA 产品实现从小批量应用到批量生产的跨越。这些产品的功率密度均超过 1 W/cm²,测试使用寿命可达到 1 万~2 万小时,同时产品良率大幅上升。在政策引导下,国产化替代的步伐将会加快,此前预计 2022 年 MEA 国产化率很可能超过 60%,但截止到 2024 年底,尚未有专业机构进行统计。

第三方 MEA 企业能够更快响应大规模市场需求。国内的 MEA 企业可分为自产自用型公司和独立公司:前者随着自身电堆的出货需要逐渐释放产能,多采用脉冲喷涂或超声喷涂等工艺,少数采用卷对卷设备;后者的产能设计一般比较超前,卷对卷设备是多数企业的选择,是考虑未来大规模生产需求而设计的。一旦市场需求激增,其可快速响应,从而扩大市场份额。MEA 价格能低至 500 元/kW 以下。目前 MEA 的市场价格为 1200~1500 元/kW,如果订单达到千平方米级别,则价格可以降低到 1000 元/kW 以内。激烈的电堆价格竞争,会直接影响 MEA 的价格,而 MEA 的价格又受上游原材料价格的影响。单从原材料本身的价格来测算 MEA 的价格,其能低至 500 元/kW 以下。要实现这一目标,还应考虑以下因素:PEM、碳纸等原材料国产化,以降低成本;扩大生产规模,从而实现成本分摊和规模效率。

微观来讲,MEA 的产业化进程仍然面临着成本高、寿命短等问题。目前,催化层 Pt 的利用率低、成本高是燃料电池技术商业化的重要障碍。因此,提高催化层 Pt 的利用率是燃料电池研究和开发的一个重要方向。降低燃料电池 Pt 的载量和提高燃料电池性能的方法主要包括两大方面:一是通过采用高活性合金催化剂和高耐久性的催化剂载体来提高催化剂活性和稳定性。这种方法可以在一定程度上提高燃料电池的性能,但仍有较大的提升空间,这主要是因为发生电化学反应的三相边界对燃料电池性能具有重要影响。三相边界直接影响燃料电池内部的反应气体、水和质子的传输能力。因此,提升燃料电池的三相边界的性能尤为重要。二是通过优化 MEA 制备方法,改善 MEA 和催化剂的结构,提升燃料电池的性能。高质量的 MEA 制备方法是 MEA 大批量生产的基础,也是燃料电池商业化的关键。因此,MEA 的制备方法成为燃料电池研究的重点之一。

美国能源部对 2025 年 PEMFC 的 MEA 的技术要求如下[2]:

(1) 耐久性。MEA 的耐久性应达到或超过 8000 h。这意味着在长时间的使用过程中,MEA 应能保持其性能和效率,避免过早衰减或失效。

(2) 功率密度。MEA 的功率密度应达到或超过 $300 \ mW/cm^2 @0.8 \ V$。功率密度是衡量 MEA 性能的一个重要指标,它决定了燃料电池的输出功率和效率。

(3) 成本。MEA 的成本应低于 10 美元/kW。降低成本对于燃料电池的大规模生产和商业化应用至关重要,因此这也是对 MEA 技术的一个重要要求。

目前,国内外主流 MEA 厂商生产的产品性能差距越来越小,制备价格低廉、性能高、耐久性好的 MEA 成为国内外厂商关注的焦点。优化 MEA 的制备方法是降低成本、提高 MEA 稳定性和推动燃料电池商业化的关键手段。

MEA 领域未来的发展趋势包括如下几个方面:改进制备工艺和优化材料组分,提高 MEA 的活性和稳定性,从而延长其使用寿命;探索研究具有更高离子传导率和更好化学稳定性的新型质子交换膜材料,提高 MEA 的性能;开发研究具有高活性、高稳定性和低成本的新型电催化剂,降低反应能垒,提高电化学反应速率;扩大 MEA 的应用领域,如将其应用于生物燃料电池、光电解水等领域,以实现更广泛的能源利用和环境保护目标。

6.2 MEA 制备技术的发展

MEA 制备的基本原理就是将催化剂油墨涂布到 PEM 或 GDL 表面,然后通过热压或粘接等手段将 PEM、催化层、边框和 GDL 复合到一起,完成 MEA 的制备。目前,催化剂油墨涂布的方法多种多样且非常复杂。具体来讲,催化剂油墨的涂布过程主要包括以下步骤。

(1)准备所需原料:根据催化剂的配方,准备所需原料。这些原料包括催化剂、载体材料、稳定剂、分散剂等。

(2)称量和混合:按照配方比例,将所需原料按照一定比例称量出来,并进行混合。可以使用搅拌或者其他混合方式,如球磨、超声,确保各个组分均匀分散。

(3)分散:将混合好的原料分散到分散剂中。根据催化剂的特性和应用,选择合适的分散剂和比例,一般情况下会选择使用水和醇的混合物,根据催化剂的性质差异,合理调整醇的种类和醇与水的比例,并控制好分散的条件,如温度、搅拌速度、超声功率、球磨转速等。

(4)涂布:将催化剂油墨涂布到基底上。常用的涂布方法有超声喷涂法、电喷雾法、丝网印刷法、转印法、刷涂法、溅射法、电化学沉积法、直接涂布法等,根据具体情况选择合适的涂布方法。

(5)干燥:对涂布好的催化剂湿膜层进行干燥,去除分散剂。通过控制干燥温度和时间,减少颗粒团聚和避免产生催化层微裂纹。

总之,催化剂油墨的涂布方法需要根据具体的配方和要求进行操作,控制好各个步骤的条件,以保证催化层的质量和性能。

影响 MEA 性能的参数多种多样,主要有 GDL 网络结构及导电能力、催化剂类型、电极结构、PTFE 含量、Nafion 含量、PEM 传导质子能力及隔绝气体能力等。概括起来就是 MEA 材料的成分、MEA 的组织结构决定了其性能。针对 MEA 性能的改进有大量的报道,主要是从催化剂材料的改进和制备、GDL 材料的合理设计以及催化层电极配方和结构的优化等方面进行。在实际制备

MEA 时要选择好所使用的材料,确定 MEA 的结构和工艺方法,合理控制各项参数,以达到最佳的效果。

PEMFC 的 MEA 制备技术的发展主要经历了以下三个阶段(见表 6.1)。

表 6.1 三代 MEA 制备技术特征对比

名称	特征
第一代热压法膜电极	将 PTFE 乳液混合后涂布到扩散层上,经干燥、烧结制得催化层,然后采用刷涂、喷涂或者浸入等方法将 Nafion 浸渍到催化层中,获得多孔电极,最后将电极与 Nafion 膜一起热压,制得膜电极
第二代涂覆催化剂的膜电极	采用卷对卷直接涂布、丝网印刷、喷涂等方法直接将催化剂、Nafion 和适当分散剂组成的浆料涂布到质子交换膜两侧,制得膜电极
第三代有序化膜电极	膜电极结构的有序化使得电子、质子、气体传质高效、通畅,并能提高发电性能和降低铂族金属(PGM)的载量

(1)第一代 MEA 称为气体扩散电极(gas diffusion electrode,GDE),采用丝网印刷法将催化层制备到 GDL 上。这种制备工艺简单,技术成熟,但存在一些问题,如质子电导率低,催化层较厚,催化剂利用率低,且催化层与 PEM 的膨胀系数不同,电池运行较长时间后电极和 PEM 容易分离。

(2)第二代 MEA 采用催化剂涂布膜(catalyst coated membrane,CCM)技术,将催化层制备到 PEM 上。这种方法大大降低了催化层与 PEM 之间的质子传输阻力,提高了 MEA 的性能、催化剂的利用率和耐久性。

(3)第三代 MEA 为有序化 MEA。当电极呈有序化结构时,大电流密度下的传质阻力将大幅降低,实现了高效物质传输,进一步提高了燃料电池性能,降低了催化剂用量。目前,第三代 MEA 的量产技术主要被以美国 3M 公司为代表的国际材料巨头掌握。随着有序化 MEA 概念的提出,越来越多的研究者开始关注 PEMFC 内部层间界面结构的优化。为实现这一目标,研究者们通过研究采用了表面图案化膜和直接沉积膜技术进行试验。其中,表面图案化膜包括等离子蚀刻技术、纳米压印技术及铸造等方法。

目前在规模化制备技术选择上,大部分 MEA 供应商都选择 CCM 法。以下将对这三种方法进行详细的介绍。

6.2.1　第一代热压法膜电极

传统 MEA 制备方法根据催化剂支撑体的不同可以分为两类,第一类方法即第一代 MEA 制备方法,被称为气体扩散电极热压法,是指将催化剂油墨涂布到 GDL 表面,然后通过热压将 GDL 和 PEM 结合在一起,如图 6.5 所示。

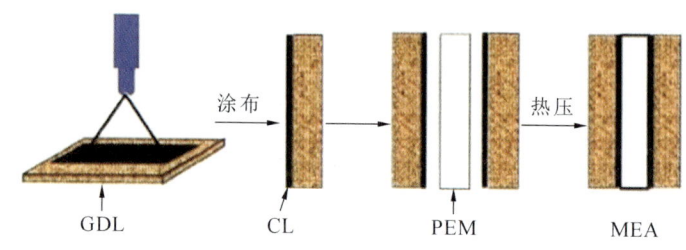

图 6.5　第一代热压法 MEA

气体扩散电极热压法在二十世纪六七十年代是较为常用的 MEA 制备方法,这种方法的优点是工艺简单、技术成熟、效率高,在电极的制备过程中,热压法可以使催化剂在电极表面均匀分布,制备过程有利于形成多孔结构,且 PEM 不会出现溶胀问题。气体扩散电极制备简单,可以适用于大规模生产,能够快速制备出大面积的电极,也正是因为热压法的设备成本较低,电极的制造成本可以降低。但也存在几个主要问题:第一,催化剂易通过孔隙嵌入 GDL 内部而造成浪费,导致催化剂利用率低,因为反应气体传输到 GDL 的孔隙中的催化剂颗粒表面是困难的;第二,催化层与 PEM 之间结合较差,两层之间的黏附力较小,催化层和 PEM 之间的接触电阻较高,质子传导速率低于直接将催化剂涂布到 PEM 上的质子传导速率,导致 MEA 总体性能不高。此外,热压法需要在高压下进行,可能会对电极的结构和性能产生影响。这种方法还需要在一定的温度下进行,如果温度控制不当,可能会影响电极的性能。虽然热压法可以使催化剂在电极表面均匀分布,但催化剂的利用率仍然较低,造成了贵金属的浪费。因此,第一代 MEA 技术目前已经基本被淘汰。

6.2.2　第二代涂覆催化剂的膜电极

传统 MEA 制备方法根据催化剂支撑体的不同进行分类,其中第二类方法通常是指第二代 MEA 制备方法,被称为涂覆催化剂的膜制备法,即 CCM 工艺,指直接将催化剂、磺酸树脂和适当分散剂组成的油墨涂布到 PEM 两侧,此步骤可以采用卷对卷直接涂布、丝网印刷、喷涂等方法。再将 GDL 粘接或热压到催化层两侧,使催化层与 PEM 紧密结合,形成最终的 MEA,如图 6.6 所示。

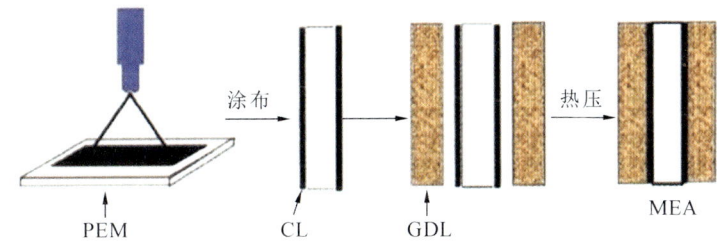

图 6.6　第二代涂覆催化剂的 MEA

此外,针对 CCM 工艺技术,可以采用以下方法:

(1)催化层油墨成形于 PEFT(聚对苯二甲酸-2,5-呋喃二甲酸乙二醇共聚酯)等惰性基材上,随后热压转印至 PEM 两侧,形成燃料电池阴、阳极催化层。该方法有效解决了由 PEM 离聚物溶胀带来的一系列问题,但工序复杂,且热压步骤的引入导致催化层孔隙率、孔结构尺寸及分布恶化,增加了反应过程中物质传输的阻力。

(2)催化层油墨直接涂布成形于 PEM 两侧,形成燃料电池阴、阳极催化层。该制备工艺可实现卷对卷直涂,大大提高了产品的生产效率,但同时对油墨的黏度、流变特性、储存稳定性等提出了更高的要求。

上述制备形式各有优缺点,但从规模化生产效率的角度来讲,采用催化层直涂于 PEM 上的形式易实现大批量、规模化的生产,但目前技术尚不成熟。因此,开发一种能够直涂于 PEM 上的燃料电池催化剂油墨成为人们的研究热点。以下将就通常采用的卷对卷直接涂布、丝网印刷、喷涂和直涂等方法展开详细讲解。

与 GDE 法相比,CCM 通过将催化剂直接涂覆在 PEM 两侧,增加了催化剂和 PEM 的接触面积,降低了整体 MEA 的接触电阻,因为相比于多孔的 GDL,PEM 的表面有利于得到更加平整的催化层,并可以降低催化剂进入 GDL 孔隙中的可能性,提高催化剂的利用率。这可以进一步降低单位面积催化剂的载量

（小于 $0.4\ \mathrm{mg/cm^2}$）。此外，催化层直接与 PEM 接触可以缩短质子经过膜到达催化剂活性位点表面的传导路径，从而大幅度降低 PEM 与催化层之间的质子传递阻力，促进质子在催化层的扩散和运动，使得 MEA 性能得到了大幅度的提升。并且得益于催化剂与 PEM 黏附力的增加，催化剂不易发生脱落或剥离，有效提高了催化层的耐久性，提升了 MEA 的使用寿命。由于 CCM 型 MEA 的 Pt 载量比较低且利用率得到大幅度提高，MEA 的总体成本有所降低。因此，CCM 工艺是目前市场主流的、应用最广泛的制备方法，已可以用于大批量生产，并且通过这种方法制备的 MEA 具有较高的电化学稳定性和热稳定性，能够满足长期使用的需求。该方法已在车用燃料电池领域得到了商业化应用，比如丰田 Mirai、本田 Clarity 等。在国内，武汉理工新能源开发的 CCM 型 MEA 已出口美国 Plug Power 公司，并应用于燃料电池叉车。大连新源动力开发的 CCM 型 MEA 已实现装车应用，其 Pt 基贵金属涂布量低至 $0.4\ \mathrm{mg/cm^2}$，功率密度达到 $0.96\ \mathrm{W/cm^2}$。此外，昆山桑莱特、武汉喜马拉雅、苏州擎动、上海交通大学、中国科学院大连化学物理研究所等企业及高校院所也在进行高性能 CCM 型 MEA 开发。国外科慕、戈尔、巴拉德等公司也已实现 CCM 型 MEA 开发和商业化大批量生产。然而，CCM 型 MEA 并不是完美的，现有常用的 CCM 法仍存在如下缺陷：

（1）催化层和微孔层之间存在界面性质，电子、水（汽）、气在两者之间的传输阻力大，影响了 MEA 的性能；在燃料电池运行过程中容易发生"水淹"现象。因此，为了减小气、水传输阻力，催化层的厚度一般不超过 $10\ \mu m$。

（2）随着催化剂载量的降低，催化层厚度也越来越薄，在 GDL 和 CCM 贴合热压时，GDL 粗糙的微孔层表面可能穿过催化层刺到 PEM，造成 PEM 寿命缩短甚至失效。

（3）由传统的将催化剂配制成油墨并涂布到基底上的工艺（包括第一代和第二代 MEA 制备工艺）制备的催化层中的物质传输通道是无序的，质子和反应气体的传输路径均是较为曲折和冗长的，这在传导路程上至少是不利的。在高电流密度下，MEA 的性能很大程度上并不是由催化剂材料的活性主导的，而是由物质传输阻力决定的。以往的大量研究集中在开发高效的催化剂材料，但是逐渐到达 MEA 性能的瓶颈，因此研究者们转而将研究重点放在了 MEA 的微观结构分析上,并提出通过优化和设计合理的电极结构提高 MEA 性能的策略。由此发展了第三代膜电极——有序化膜电极。

6.2.3 第三代有序化膜电极

随着研究的深入,MEA 内部的反应机理、构效关系逐步清晰,商业化应用对 MEA 性能的要求也进一步提高。研究者和各大厂商认为第一代和第二代 MEA 的 Pt 载量仍然较高,催化剂利用率仍然不足。其根本原因是催化层中反应气体、质子和水等物质传输通道均处于无序状态,物质传输效率低,MEA 的活化极化和浓差极化较大,影响 MEA 在大电流条件下的输出性能。有序化 MEA 的 Pt 利用率非常高,有效降低了 MEA 的成本,同时实现了质子、电子、气体、水等物质的高效输运,从而能够显著提高 PEMFC 的综合性能。所谓有序化 MEA,是指把 Pt 催化剂制备到有序化的纳米结构上,使电极呈有序化结构,获得坚固、完整的催化层。该方法进一步提高了燃料电池的性能,降低了催化剂的铂载量(约为 $0.1\ mg/cm^2$),是目前 MEA 制造研究的热点,但该技术难点较多,目前仍处于研发试验阶段,尚未达到规模化量产的水平。只有小部分公司实现量产,如 3M 公司。

2002 年,Middelman 首次提出了理想电极的概念,从而开始了有序阵列电极相关理论研究工作[3]。其团队在由碳颗粒组成的长链状定向结构表面均匀包覆分散的 Pt 颗粒,然后在其表面制备一薄层质子导体。理想的有序化 MEA 示意图及其 SEM 图像见图 6.7。模型计算表明,当质子导体薄层的厚度小于 10 nm 时,有利于气体扩散到三相边界以及排出产物水,在有序化 MEA 结构中,Pt 的利用率近 100%,使用传统 Pt/C 制备电极的 20% 的 Pt 载量即可达到传统 Pt/C 电极的性能。

目前,MEA 的开发重点主要集中在两个方面:

(1)通过构筑较多的三相边界来提高催化剂利用率,减小 MEA 活化极化损失。

(2)通过构建三维多孔有序电极结构,提高反应气体和水的传输能力,降低 MEA 浓差极化损失。有序化 MEA 可实现反应气体、质子和水的高效输运,提升 MEA 的性能;同时,还有助于提升催化剂利用率,降低 MEA 成本。有序化

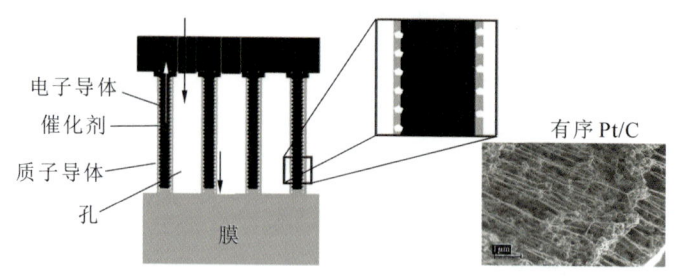

电子导体
催化剂
质子导体
孔
膜
有序 Pt/C

图 6.7　理想的有序化 MEA 示意图及其 SEM 图像[3]

MEA 可以分为基于碳纳米管（载体）的有序化 MEA、基于催化剂的有序化 MEA 和基于质子导体的有序化 MEA 以及其他类型的有序化 MEA。

6.2.3.1　基于载体的有序化 MEA

目前的研究表明,高度有序热解石墨、多壁碳纳米管、杯状碳纳米管都能不同程度地使 Pt 的性能提升。在 PEMFC 中,理想的催化剂载体材料应具备高比表面积、高电子传导率、高催化剂金属结合性、高耐电位腐蚀性和适宜的孔隙结构。对于 PEMFC 催化剂载体而言,碳纳米管是一种特殊的一维量子材料,如果考察上述五个性能,会发现它都优于目前常用的碳材料,这使其成为目前碳载体材料中的最佳选择方案。有序化碳纳米管薄膜至少有如下优点:首先,沿着管的方向的电子传导率高于径向的,并且沿着管的方向的电子传输没有能量损耗;其次,碳纳米管薄膜有着更高的透气性;最后,有序化碳纳米管薄膜具有更好的疏水性,有利于水分的排出。

对有序化碳纳米管、非有序化碳纳米管和普通碳载体进行电池测试,发现无论是在低电流密度下,还是在高电流密度下,有序化碳纳米管的性能都明显高于其他两种。这主要是因为高电流密度时,有序化碳纳米管能提供性能更好的水管理通道,防止"水淹"现象的发生;在低电流密度时,有序化碳纳米管工艺制备过程中没有电子的绝缘体聚四氟乙烯,降低了欧姆阻抗,并且有序化一定程度上会提高 Pt 的利用率。

基于碳纳米管的有序化 MEA 结构最早是由 Hatanaka 等人报道的[4]。他们在硅基板表面生长碳纳米管,在其表面喷涂 Pt 的硝酸盐后还原制备电极,阳极 Pt 载量为 $0.09 \mathrm{~mg/cm^2}$,阴极 Pt 载量为 $0.26 \sim 0.52 \mathrm{~mg/cm^2}$。将 Pt/CNT

在 Nafion 的乙醇溶液中浸渍包覆并干燥,其表面得到一层 Nafion 树脂,然后在 150 ℃ 的温度下热压到 MEA 上去。I-V 曲线和阻抗谱数据证实了这种有序化 MEA 具有很好的物质传输性能。

其后,如图 6.8 所示,Tian 等人[5]在铝箔基板上利用化学气相沉积(CVD)和等离子体增强化学气相沉积(PECVD)法制备出垂直碳纳米管(VACNTs,直径在 10 nm 以下,长度约为 1.3 μm),采用物理磁控溅射的方法将 Pt 纳米颗粒催化剂加至 VACNTs 薄膜上,最后采用热压的方法将有序化电极从铝箔转移到 Nafion 膜上,并装配成燃料电池。这种由 Pt/VACNTs 做成的 MEA 具有低 Pt 载量(Pt 涂布量为 35 μg/cm^2,商业化的 MEA 的 Pt 载量为 400 μg/cm^2)、高性能(功率密度为 1.03 W/cm^2)的特点,并且铝箔基板比常用的硅和玻璃基板等成本更低。

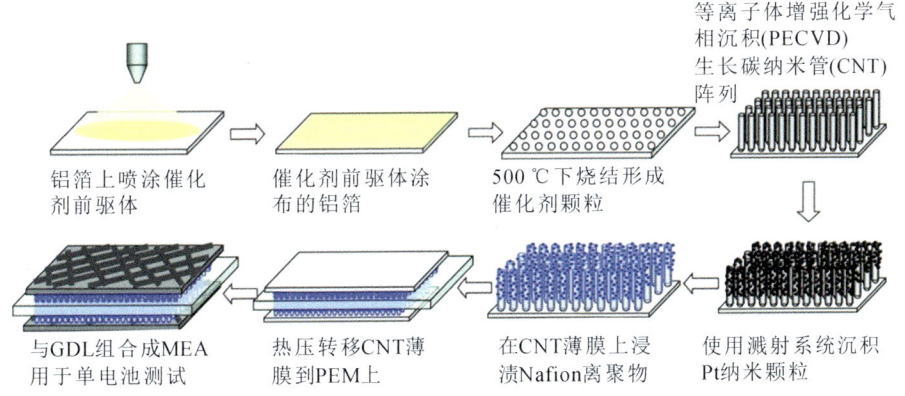

图 6.8　基于垂直碳纳米管的 MEA 经典制备工艺

Zhang 等人[6]开发了 VACNTs/Nafion/VACNTs 有序化 MEA(见图 6.9)。其性能比传统基于 Pt/C 的 MEA 高出两倍。

基于碳纳米管的有序化 MEA 的另一种制备方法是在 GDL 纤维上直接生长碳纳米管,之后沉积催化剂,该方法可以保证所有 Pt 颗粒均与外电路有良好的电接触,大大提高了 Pt 的利用率。基于碳纳米管的有序化 MEA 的共同缺点在于碳纳米管的合成过程较为困难。此外,催化层转移到质子交换膜这一过程会影响碳纳米管整体结构。比如丰田汽车公司的 Murata 等人[7]在不锈钢基体上利用氧化物作为催化剂生长出垂直碳纳米管,通过浸渍还原法在垂直碳纳米

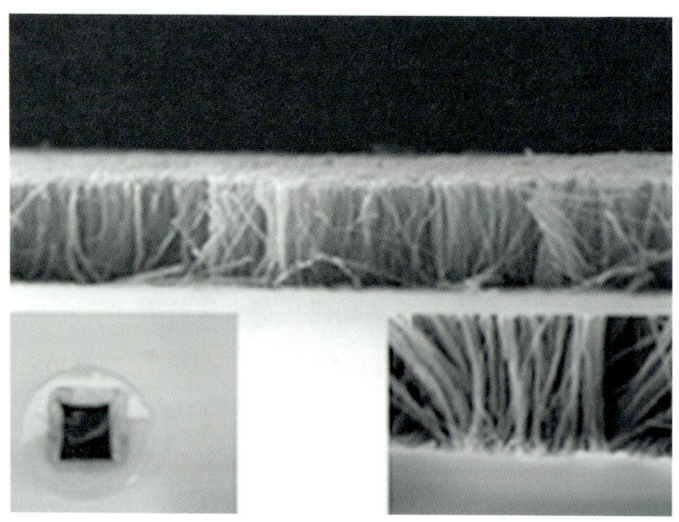

图 6.9　Nafion 膜上 VACNTs 的 SEM 图像[6]

管表面制备出 2～2.5 nm 的 Pt 颗粒,随后采用全氟磺酸基离聚物溶液填充形成三相物质传导界面。虽然垂直碳纳米管在 MEA 制备过程中有助于实现连续的孔洞和更好的离聚物负载状态,但在受压后,垂直碳纳米管的垂直生长特征已经被破坏,对性能并没有大的影响。

6.2.3.2　基于催化剂的有序化 MEA

催化剂纳米线引入 MEA 主要是利用纳米材料的高比表面积特征。具体而言,催化剂纳米线具有特殊的晶面和较少的表面缺陷,在作为催化层时,展现出比传统的 Pt/C 催化剂更高的比活性。

催化剂有序化主要是指 Pt 纳米管、Pt 纳米线等 Pt 纳米有序化结构。其中,具有代表性的基于催化剂的有序化 MEA 产品是 3M 公司的商业化纳米结构薄膜(NSTF)电极。其制备方法大致如下:首先采用 PR-149 颜料粉在微结构基材(MCTS)表面上升华,退火转变为定向晶须,然后溅射催化剂,再通过加热辊压法将 NSTF 催化层转移到质子交换膜上。

与传统 Pt/C 催化剂相比,NSTF 主要特征如下:催化剂为定向晶须结构,表面积大,不易发生电化学腐蚀;催化剂为 Pt 合金薄层,不再是分散和孤立的纳米颗粒,与直径为 2～3 nm 的颗粒相比,其氧还原比活性提高了 5～10 倍;通过转印法制备,工艺流程经典,制备时间短,为大规模商业化应用提供了可能;催化层厚度(0.25～0.7 μm)极小,只有 Pt/C 电极催化层厚度的 $1/30～1/20$,极薄的催化层降低了氧气传输阻力,提高了极限电流密度。该电极也是目前唯一商业化的第三代有序化 MEA。3M 公司开发的有序化 NSTF 电极示意图如图 6.10 所示,技术指标见表 6.2。由表 6.2 可以看出,NSTF 电极除了循环耐久性还远远没有达到美国能源部(DOE)的技术指标外,其他指标都达到或者比较接近 DOE 的目标值。

➢ 晶须被涂覆/生长在微结构基材上
● 辅助卷对卷加工
● 表面积增加 $\sqrt{2}$ 倍
➢ 真空溅射法在晶须上涂覆负载可控的铂合金催化剂

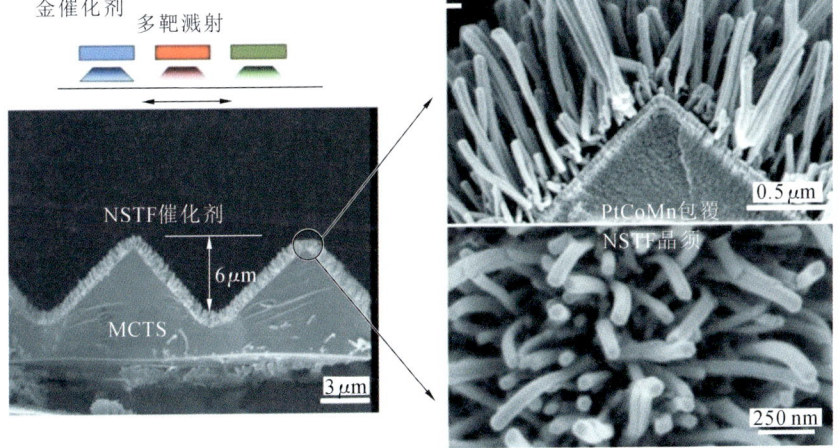

图 6.10　3M 公司开发的有序化 NSTF 电极示意图

表 6.2　3M 公司开发的有序化 NSTF 电极技术指标

指标	单位	DOE 2020 年目标	3M 产品现状
$Q/\Delta T$	kW/℃	1.45	1.45
成本	美元/kW	7	8.62
循环耐久性	h	5000	656～1864
性能@0.8V	mA/cm²	300	310
性能@额定功率	mW/cm²	1000	861
铂族金属用量(两个电极)	g/kW	0.125	0.147
铂族金属用量(催化层中)	mg/cm²	0.125	0.131

6.2.3.3 基于质子导体的有序化 MEA

不同于上述有序化结构,基于质子导体的有序化 MEA 中的催化剂被负载在具有规则结构(阵列)和质子传导能力的材料上,如 Nafion。催化剂直接与质子导体接触,促进了质子由膜到活性位点的传导。与第一代和第二代 MEA 的制备工艺中选择催化层的承接基底不同,有序的质子导体阵列可以集成到 GDL 或者 PEM 上。如图 6.11~图 6.13 所示,Xia 等人[8]用含吡咯和 Nafion 的水溶液作为电解液,在 GDL 表面原位电化学沉积了 Nafion 修饰的纳米线阵列(NfnPPy)。之后将 Pt 离子沉积在有序 NfnPPy 表面由 Nafion 离聚物的磺酸基团包围的亲水域上,这一过程是由 Pt 阳离子和磺酸盐基团之间的静电作用驱动的。最后用气态氢还原 Pt 离子,形成 Pt 颗粒,并得到 Pt 负载的质子导体阵列结构(Pt-NfnPPy)。得益于 Nafion 的质子传导性和聚吡咯的电子传导性,该结构获得了令人印象深刻的 ORR 活性,使用该电极结构分别作为阴极和阳极的 PEMFC 实现了 5.23 W/mg(Pt)的高质量比功率密度。

与第一代和第二代 MEA 相似,将催化层集成到 GDL 上可能会降低 GDL 的孔隙率,影响气体传输。因此,对基于质子导体的有序化 MEA 的研究更多集中在将阵列集成到 PEM 上。在这方面,中国科学院苏州纳米技术与纳米仿生研究所的周小春教授团队做了很多开创性和突破性的工作[9-14]。他们主要借助阳极氧化铝(AAO)模板制备具有阵列结构的阵列膜,并通过纳米压印等方式将阵列与 PEM 结合,保证结合过程中阵列的完整性。

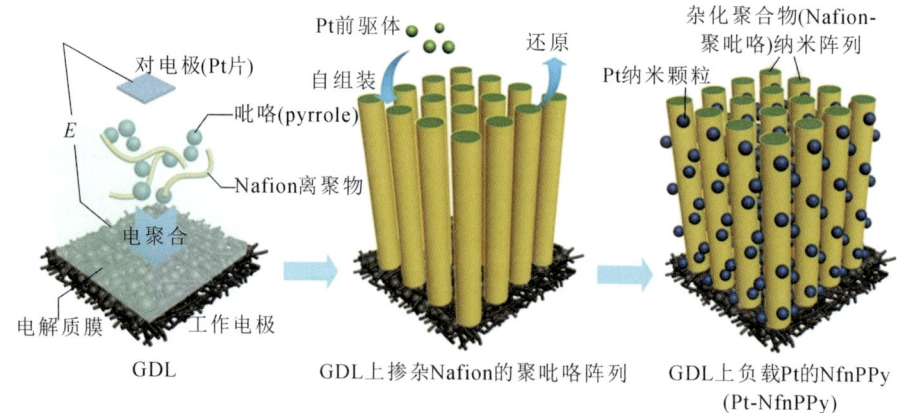

图 6.11　掺杂 Nafion 的聚吡咯阵列和负载 Pt 的 NfnPPy(Pt-NfnPPy)

的有序化 MEA 的制备过程[8]

图 6.12　不同放大倍数下 Pt-NfnPPy 在 GDL 表面的 SEM 图像[8]

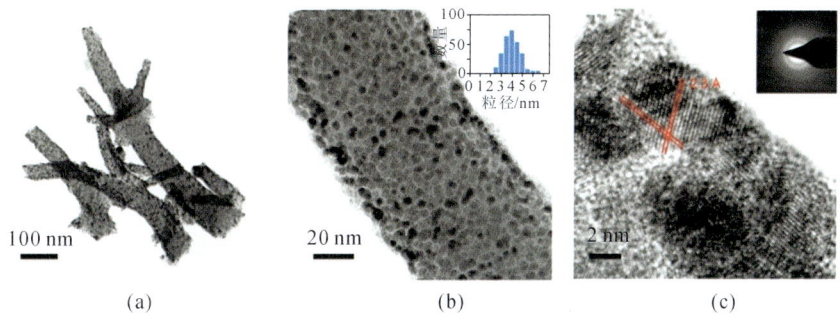

图 6.13　不同放大倍数下 Pt-NfnPPy 的 TEM 图像[8]

MEA 的发展经历了三代。目前来说，只有 3M 公司开发的有序化 NSTF 电极基本满足美国能源部提出的商业化性能要求，其他的仍处于实验室研究阶段。未来 MEA 结构改进可以从以下三个方面考虑：进一步研究三个功能层之间的配合关系和协同作用，耦合使用多种先进结构功能层，使 MEA 综合性能达到最优，以满足商业化要求；研究极限操作条件（低温、低湿等）的影响，从改进功能层结构角度提升 MEA 在极限条件下的耐受性，制备普适性的 MEA；优化制备工艺，简化制备流程，为大规模应用提供可能。

有序化 MEA 还处在实验室研究阶段，面临着水管理等需要解决的问题。目前，实现商业化的低铂 MEA 是第二代 CCM 型 MEA。CCM 型 MEA 的阳极 Pt 载量可以低至 0.05 mg/cm^2，要达到 MEA 的总 Pt 用量不大于 0.125 mg/cm^2 的要求，阴极的 Pt 载量则要求低于 0.075 mg/cm^2。当阴极 Pt 载量降低到 0.2 mg/cm^2 以下时，三种极化过电位均会明显增加。因此，为达到阴极低 Pt 载量的要求，应从提高催化剂活性、降低电池内阻以及改善气体传输三个方面来优化低 Pt 载量 MEA 的结构和性能。

6.2.3.4　其他类型的有序化 MEA

随着静电纺丝技术的发展,其在有序化 MEA 领域的应用逐渐显现。该技术主要通过两种不同的方式构建层状纤维排列的新型阴极催化层结构:一种是先用静电纺丝法制备催化剂载体纤维,然后喷洒催化剂油墨生成催化层;另一种是通过静电纺丝直接制备具有层状纤维的催化层。一般来说,后者的性能优于前者。静电纺丝催化层由含有催化剂/载体团聚和离聚物薄膜的层状纤维组成。长纤维为质子和电子提供了有效的传输路径,从而减少了传输损失。此外,实验表明,层状纤维排列催化层相较于随机颗粒堆积的催化层,在电化学活性表面积和性能(特别是在超低 Pt 负载下)上表现更优。例如,在 $0.1\ mg/cm^2$ 的低 Pt 负载下,采用前者的 MEA 显示出比采用后者的 MEA 高约 20% 的功率密度。

层状纤维排列催化层中的孔隙可以分为两种类型:一种是由纤维内部的催化剂/载体聚集体形成的,另一种是由纤维相互交叉形成的。因此,需要对这两类孔隙中的气液水运移现象进行研究。在制备过程中,层状纤维排列催化层对油墨特性、电场条件和环境设置有严格的要求,这使得制备过程和最终的催化层结构很难控制。尽管这种类型的催化层具有层状结构,但平面内纤维的排列仍然是不可控的且随机的,这限制了进一步优化传质性能的潜力。作为层状纤维排列催化层未来的发展方向,其传质过程的研究仍需深入,同时,可控的静电纺丝方法也有待开发。

MEA 在 PEMFC 中的结构与在 PEMWE(PEM 水电解)中的结构相似。因此,PEM 在 PEMWE 阵列结构中可以发挥与在 PEMFC 中同样的作用。2023 年底,中国科学院苏州纳米技术与纳米仿生研究所的周小春教授团队在国际知名期刊 *Advanced Energy Materials* 上发表题为 *Hybrid 3D-Ordered Membrane Electrode Assembly*(*MEA*)*with Highly Stable Structure*,*Enlarged Interface*,*and Ultralow Ir Loading by Doping Nano TiO₂ Nanoparticles for Water Electrolyzer* 的研究文章[15]。该文章对现有有序化结构存在的问题进行了分析,并且针对有序化质子导体提出了杂化 Nafion 阵列的解决

方案(见图 6.14)。作者认为,MEA 作为核心组件,其有序化结构显著地提升了器件的性能。如图 6.14(a)、(b)所示,传统的 CCM 电极采用催化剂和离聚物的堆叠结构,导致较高的催化剂负载($2\sim4$ mg/cm^2)。特别是最内层的催化层与 Nafion 膜有良好的接触,有利于质子的快速转移。然而,由于离聚物的不连续结构,质子转移效率随着与 Nafion 膜距离的增加而逐渐减小。此外,嵌段离聚物和催化剂纳米颗粒形成的弯曲孔道增加了气体扩散的距离,导致大量气泡的积聚,从而阻碍水的运输和转化。为了解决这一问题,研究者提出了一种基于电子导体或质子导体的有序阵列结构,以促进电子、质子和气体的传输。有序的电子导体,包括碳纳米管和金属氧化物纳米棒阵列(例如 WO_x、NbO_2),主要用作催化剂或载体来加速 MEA 中的电子传递。研究者构建了圆锥形和圆柱形非质子阵列等有序质子导体,以改善 MEA 中的质子转移。Nafion 阵列在 PEMFC 中被广泛报道,它们能够为质子转移提供快速通道,如图 6.14(c)所示。然而,先前报道的电子导体和质子导体的有序结构都是由单一组分组成的。在有序电子导体的 MEA 中,Nafion 的质子电导率(0.15 S/cm)是 Ir 催化剂电导率的 1/100,这限制了相应 MEA 的性能。因此,质子转移通道的改进更有可能显著提高 MEA 的性能。虽然有序的质子导体结构提供了质子转移通道,但是 Nafion 阵列的表面仍然是一个光滑的平面(见图 6.14(d)),导致与催化层的接触面积有限,最终性能并不理想。因此,设计一种理想的 MEA,它不仅能够实现高效的质子转移,还能显著改善催化层与 Nafion 之间的接触界面,这是非常有必要的。这篇文章报道了一种新型的掺杂 TiO_2 纳米粒子的杂化有序纳米粒子阵列,以提高 MEA 的性能。这种混合的 Nafion 阵列不仅提高了质子传输效率,而且增强了催化层与 Nafion 之间的界面接触面积,从而提高了催化剂的利用率(见图 6.14(e)、(f))。通过一系列的优化措施,含有 5 nm TiO_2 纳米颗粒掺杂的 Nafion 阵列的有序化 MEA 的电化学活性表面积增加到 66.47 m^2/g,并在 14.4 μg/cm^2 的超低 Ir 催化剂负载量下质量活性达到 172.2 A/mg (Ir)@2 V,远远优于所有已报道的 PEMWE 的 MEA。此外,作者特别指出,这种混合概念不仅适用于基于 Nafion 阵列的有序质子导体,也适用于有序电子导体。

具体地,周小春教授等人通过掺杂 TiO_2 颗粒到 Nafion 阵列中形成了杂化 Nafion 阵列,从而使 Nafion 阵列具有了更粗糙的表面和更大的比表面积。该

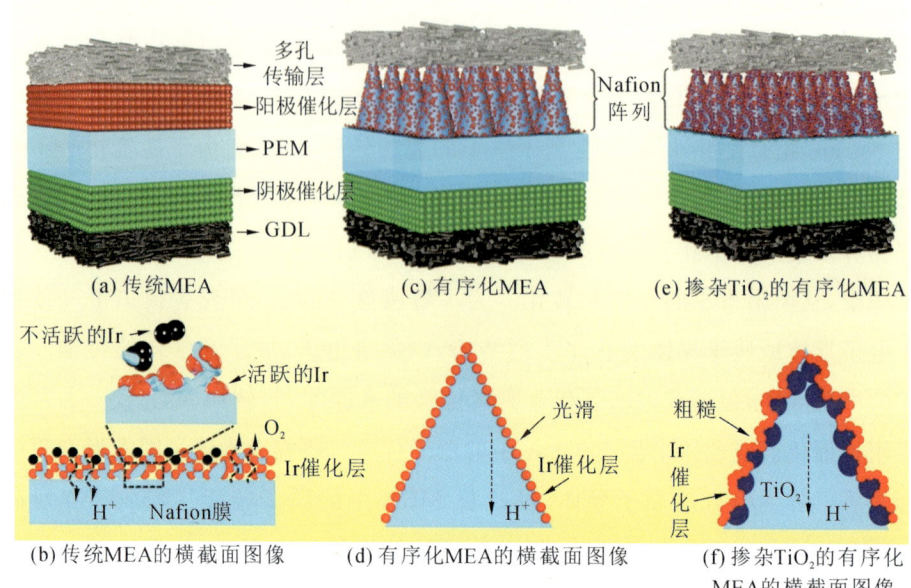

图 6.14　杂化 Nafion 阵列的解决方案

工作采用纳米压印技术制备杂化有序化 MEA。首先,将掺杂了 TiO_2 的 Nafion 乳液浇铸到 AAO 模板中;然后在 140 ℃ 下与商业膜进行复合,并且进行热退火处理;最后在水中进行揭膜,最终成功制备出了杂化 Nafion 阵列。借助 SEM、TEM 和 EDS(能量色散 X 射线谱),观察制备的阵列,其呈现圆锥形貌,底部直径约为 400 nm,高约为 1000 nm。掺杂在其中的 TiO_2 均匀地分散在 Nafion 阵列中,并且浮现在阵列表面。通过与没有掺杂 TiO_2 的 Nafion 阵列进行对比,可以发现掺杂 TiO_2 后阵列表面变得粗糙。磁控溅射的 Ir 催化剂在整个阵列表面形成了一层有一定起伏的催化层。通过 XPS(X 射线光电子能谱)和 EDS 可以看到溅射的 Ir 催化剂分布在整个 Nafion 阵列表面。杂化有序化 MEA 的制备流程和掺杂 TiO_2 前后 Nafion 阵列的相关表征如图 6.15 所示。

　　由于不同尺寸的 TiO_2 将会造成不同的掺杂结果,进而影响杂化有序化 MEA 的性能,因此这项工作通过 TEM 和激光粒度仪对 TiO_2 的尺寸进行了非原位和原位分析。结果表明:小尺寸的 TiO_2 能够均匀地分散在阵列中,且会使阵列形成粗糙表面,增大了 Nafion 阵列的表面积;中尺寸的 TiO_2 能够掺杂到阵列中,但是对阵列表面影响较小;大尺寸的 TiO_2 则完全不能掺杂到阵列中。

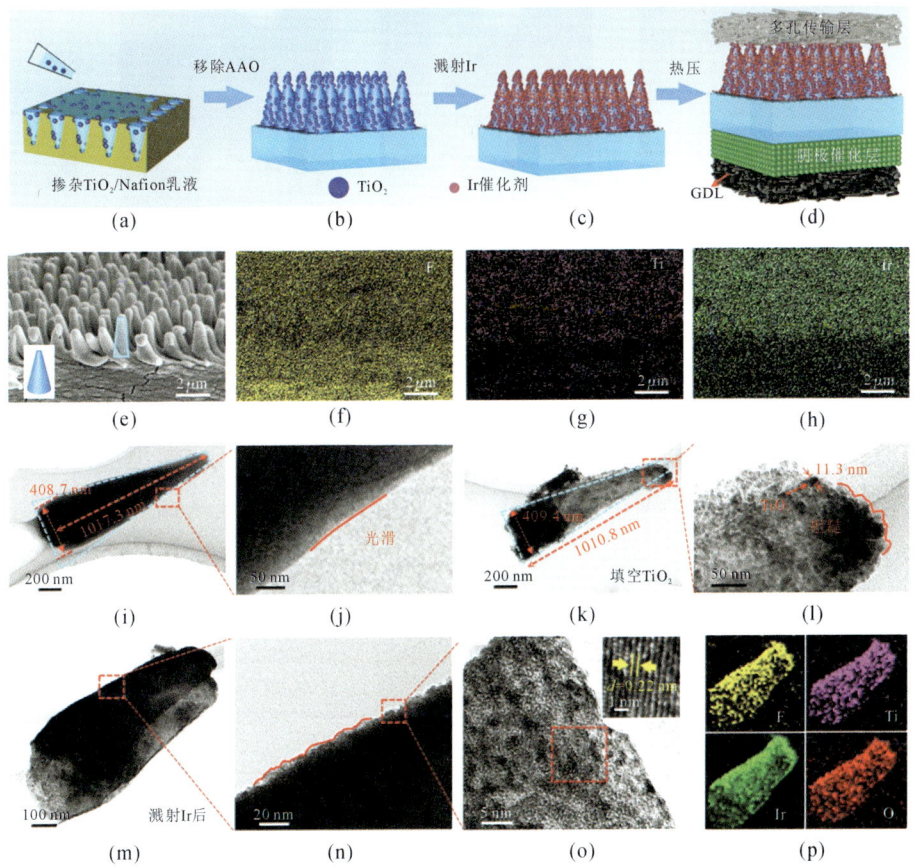

图 6.15　杂化有序化 MEA 的制备流程和掺杂 TiO$_2$ 前后 Nafion 阵列的相关表征[15]

如图 6.16 所示,掺杂了 5 nm TiO$_2$ 的 Nafion 阵列的表面均方根粗糙度(Rq)、表面积、电化学活性表面积(ECSA)相比于未掺杂的分别提高了277.8%、58%、68.2%。这一优势在器件上得到了良好的印证。在 Ir 催化剂负载量极低的情况下,杂化有序化 MEA 的最大电流密度能够达到 2.48 A/cm^2 @2 V。因此,这种杂化有序化 MEA 能够显著降低催化剂载量,提高性能,且在同等条件下能够长时间稳定运行(见图 6.16(g))。结果表明,杂化有序化 MEA 的衰减明显低于未杂化有序化 MEA。而且,借助原子力显微镜(AFM)可以观察到掺杂了 TiO$_2$ 的 Nafion 阵列依旧能够保持阵列形貌,而未掺杂的则出现明显的阵列团聚。

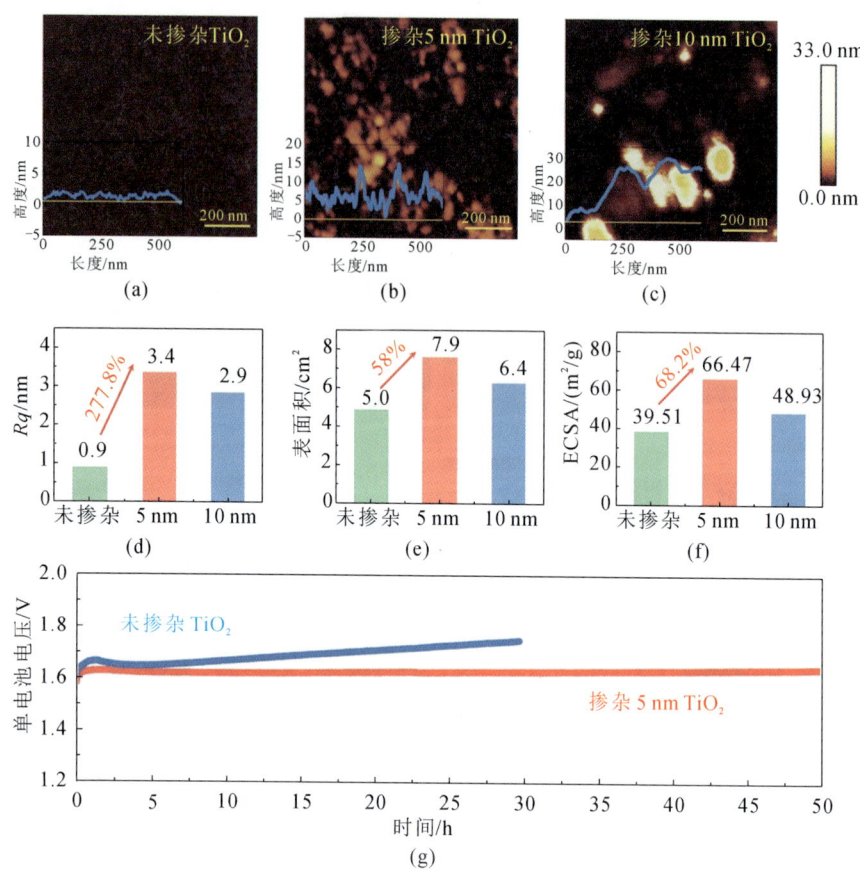

图 6.16　未掺杂和掺杂 TiO_2 的 Nafion 阵列的原子力显微镜图像、

电化学表征以及稳定性测试

此外,中国科学院上海高等研究院研究员杨辉团队从 MEA 结构一体化设计的角度出发,创新地提出利用纳米压印技术结合静置法,制备了一种阳极兼具梯度化锥形阵列以及三维膜/催化层界面的新型有序锥形阵列(GTA)结构[16]。将配制好的催化剂油墨滴加到锥形 AAO 模板中,静置一定时间(0 h、0.5 h、1 h、1.5 h)后干燥,得到包含 AAO 模板的锥形阵列膜。之后热压结合阵列膜与带有阴极催化剂的 PEM,并从 1 mol/L 的 NaOH 溶液中除去 AAO 模板,使得 PEM 两侧仅有催化层。最后在 1 mol/L 的 H_2SO_4 溶液中浸泡24 h,将 PEM 中的 Na^+ 替换为 H^+,恢复 PEM 的质子传导能力。锥形阵列与梯度催化层结构增加了活性位点的暴露程度;梯度和三维膜/催化层界面增强了界面结合强度；垂直排列的空隙为气、液传输提供了快速通道。图 6.17(b)~(d)的 SEM 图像和原子力显微镜图像证实了有序结构的成功合成。该有序化 MEA 可同时降低欧姆过电位(η_{ohm})、动力学过电位(η_{kin})、传质过电位(η_{mass})(见图 6.17(a))。这种新型有序化 MEA 在 Ir 载量低至 0.2 mg/cm^2 时，仍表现出 1.801 V@2 A/cm^2 的优异性能(见图 6.17(e))，与 Ir 载量是其 10 倍的传统结

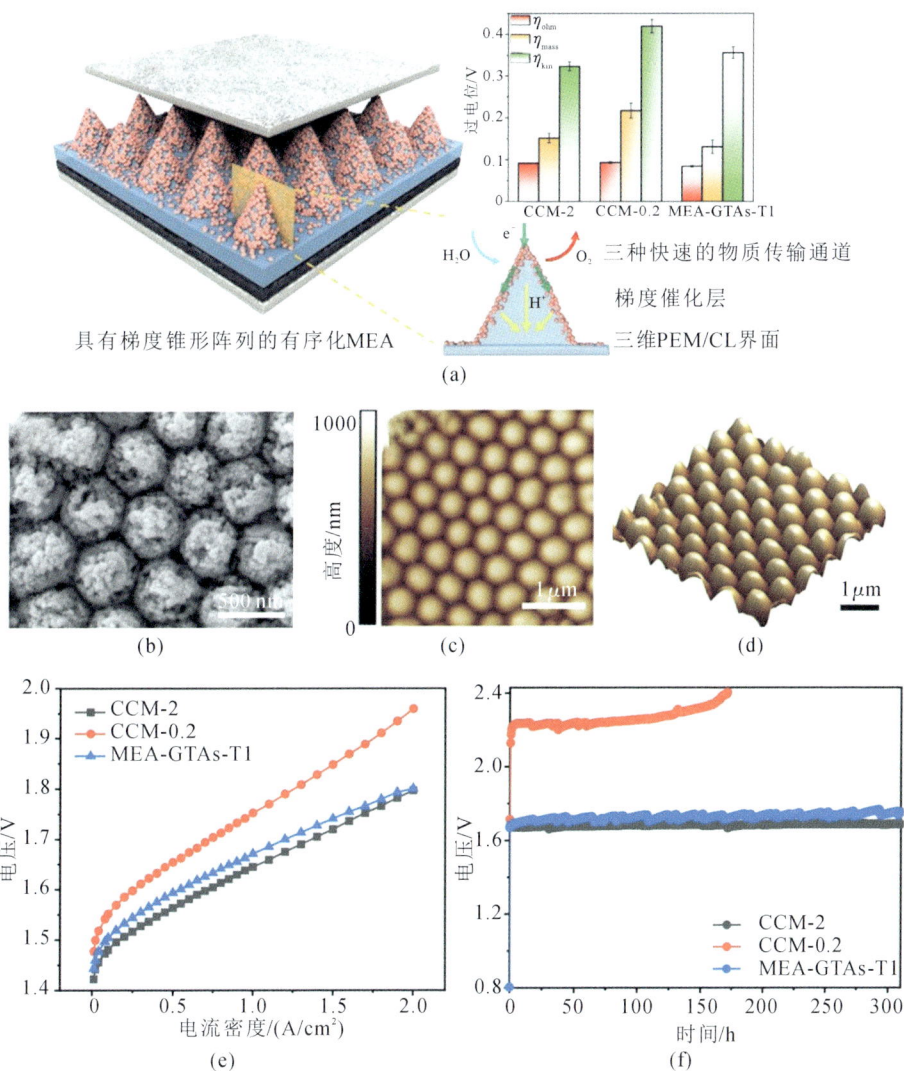

图 6.17　有序化 MEA 结构示意图、谱学表征及水电解性能评价[16]

构 MEA 性能相当,并表现出良好的稳定性(见图 6.17(f))。本研究为开发高性能、低贵金属催化剂载量及长寿命的 PEMWE 结构提供了新策略。

总体而言,有序化 MEA 无疑是下一代 MEA 制备技术的主攻方向,在降低铂族元素载量的同时,还需要进一步考虑五个方面的问题:有序化 MEA 对杂质很敏感;通过材料优化、表征和建模,拓宽 MEA 操作范围;在催化层中引入快质子导体纳米结构;低成本量产工艺开发;深入研究 MEA 的 PEM、电催化剂和 GDL 之间的相互配合关系及协同作用。

6.3 MEA 制备工艺的进展

目前 MEA 制备工艺多种多样,结合 MEA 所用材料的物化属性以及制备技术的特点选择不同的工艺。依据 MEA 制备时催化剂混合物是否与基底接触,可以将 MEA 制备工艺大致归为三类(见表 6.3):接触式 MEA 制备方法、非接触式 MEA 制备方法、间接式 MEA 制备方法。

表 6.3 三类 MEA 制备方法涵盖的技术及特点[17]

制备方法	技术类别	方法特点
接触式	丝网印刷法、刮涂法、刷涂法、狭缝涂布、滚压法等	在制备催化层的过程中,催化剂及其混合物直接接触基底(GDL 或膜)。本方法可以实现 MEA 的大规模快速制备,但工艺复杂,制备难度大
非接触式	静电喷涂、超声喷涂、气动喷涂、沉积法(化学、物理、原子层)	在制备催化层的过程中,催化剂混合物不直接接触基底(GDL 或膜),而是通过气体或者重力等方式沉积到基底上。本方法可实现 MEA 的小规模生产及研究,工艺简单,易于制备,重复性强
间接式	薄层电极法(贴花转印法)、氧化还原法(原位电化学、原位化学)	在制备催化层的过程中,催化剂及其混合物不是直接涂布在 GDL 或者膜上,而是通过转印的方式间接制备 MEA,或者将 Pt 的化合物涂布在基底上,再将其还原成单质来间接制备 MEA。本方法制备过程复杂,重复性差,难以控制载量,厚度均一性差

6.3.1　接触式 MEA 制备方法

丝网印刷法(screen print)是一种典型的接触式 MEA 制备方法。在制备 MEA 的过程中,丝网印刷法具有很多优点。首先,它可以实现大面积制膜,适合批量生产;其次,印刷速度快,生产效率高;再次,通过调整油墨和工艺参数,可以制备不同性质和结构的薄膜;最后,该方法操作简单,成本相对较低。丝网印刷法是利用网版的图文部分网孔可以漏油墨,而非图文部分网孔不漏墨的基本原理进行印刷的。印刷时,在网版一端倒入油墨,用刮板对网版上的油墨部位施加一定压力,同时朝网版另一端移动,油墨被刮板带动经过图文部分的网孔时挤压到承印物上。网版与承印物之间保持一定的间隙,印刷时通过自身的张力对刮板产生反作用力,使网版与承印物只呈移动式线接触,而网版其他部分与承印物为脱离状态,使油墨与丝网发生断裂运动,保证了印刷尺寸精度和避免蹭脏承印物。直接制备 CCM 的技术相对难度更大,对催化剂油墨的要求高。此外,印刷精度和厚度难以控制,这会对 MEA 的性能产生影响,造成 MEA 重复性一般。

另一种接触式 MEA 制备方法为刮涂法(blade coating)。刮涂法的基本原理是将油墨涂在基底表面后,利用涂布机带动刮刀将多余的涂料刮净,同时将涂层表面平滑化,刮刀与基底板间的距离可调,催化层载量也是通过二者的距离及油墨黏度等参数控制的。Park 等人[18]采用刮刀涂布的方式直接将油墨涂布在用相同分散剂(分散剂选择去离子水、乙二醇、二乙二醇、丙三醇等)处理的膜上,直接制备 CCM。发现采用乙二醇浸泡的膜用于制备 MEA 时膜不会褶皱而影响操作,此法是一种高效的 MEA 制备方法,但是制备的 MEA 性能表现一般,厚度难以控制,工艺参数还有待优化。Yim 等人[19]则通过刮刀涂布的方式将催化剂油墨涂布到 PTFE 基底上,形成贴画,然后转印到 PEM 上,之后热压使 PEM 与 GDL 结合,形成 MEA。利用刮涂法制备 MEA 时,催化层的厚度不易控制,想要提高制备精度,还需要进一步的研究和优化。

还有一种接触式 MEA 制备方法,即刷涂法(brush coating)。刷涂法是最简单的涂覆方法,通常用于局部的修补和维修,一般适用于涂覆质量要求不是很高的场合。刷涂法的优点是几乎不需要夹具,节省涂覆材料,一般不需要遮盖工序。缺点是适用范围窄,效率较低,涂覆一致性差,由于是人工操作,易出现气泡、有波纹、厚度不均匀等问题。刷涂法的做法是采用洁净的毛刷蘸取催化剂油墨,将其反复涂刷在以 PEM 或者 GDL 为催化层载体的介质上。此方法存在诸多问题,不适合进行平行实验和性能对比实验,一般在实验条件简陋的条件下才采用此方法,或者作为参照样来制备 MEA,因此单独研究此种方法的较少。

接触式 MEA 制备方法还有狭缝涂布(slot die coating)。狭缝涂布是一种精密涂布技术,已经被广泛地应用在柔性电子、功能薄膜、平板显示器、微纳制造、印刷等众多领域。其工作原理是涂布辊转动带动油墨,通过调整刮刀间隙来调节油墨转移量,并利用背辊或涂辊的转动将油墨转移到基材上,或者利用气体压力将缝隙中的油墨转移到基材上。按工艺要求,控制涂布层的厚度以达到质量要求。同时,通过干燥加热除去平铺于基材上的油墨中的分散剂,使固体物质黏结于基材上。狭缝涂布技术多用于聚合物太阳能电池的制备。Krebs 等人[20,21]采用卷对卷(roll-to-roll)方法,并结合边缘涂覆(knife over edge coating)、狭缝涂布、丝网印刷三种技术制备了五层聚合物太阳能电池,并总结了聚合物太阳能电池的制备技术及特点。目前狭缝涂布技术或卷对卷方法广泛应用于燃料电池的 MEA 制备。这种技术在接触式 MEA 制备技术里面具有制备精度高、可控性强、生产效率高等优点,且厚度控制精度可以达到 $0.1~\mu m$。

6.3.2 非接触式 MEA 制备方法

喷涂法(spray)是一种典型的非接触式 MEA 制备方法,又可以分为静电喷涂法、超声喷涂法、气动喷涂法。图 6.18 展示了三种喷涂方法的原理。静电喷涂利用高压静电场使带负电的固体颗粒沿着与电场相反的方向做定向运动,从而将固体颗粒沉积在工件表面上。一般喷枪的枪头与工件之间形成一个高压电晕放电电场,使固体颗粒由喷嘴喷出,经过放电区域时带负电,在静电吸引的作用下,被沉积到带正电荷的工件上去。静电喷涂的优点在于催化剂颗粒带有相同电荷,不会发生团聚,从而增加沉积的催化层的表面积。Baturina 等人[22]采用静电喷涂法制备了 MEA,将催化剂油墨(20% Pt/C,Nafion,去离子水,乙醇)涂布到 Nafion 膜上,优化了静电喷涂的制备参数(喷涂电压为 20 kV,针头与基底之间的距离为 5 cm,油墨流量为 5 mL/h),得到了较好的 MEA 性能。超声喷涂利用超声波定向压强,使液体表面隆起,在隆起的液面周围发生空化作用,使液体雾化成小分子的气雾,然后在气体的带动下将催化剂油墨喷出,并通过注射泵补充油墨。在油墨喷涂到膜表面的过程中,通过加热系统将油墨内的溶剂挥发掉,以避免 PEM 溶胀带来的褶皱问题,从而影响 MEA。气动喷涂利用气流加速液体的原理实现涂布。由伯努利定理可知,流速小压强大,流速大压强小,将液体分散成均匀而微细的雾滴,将分散的催化剂油墨喷涂到载体介质上。此种方法实验成本低,操作方便,与超声喷涂类似。但喷头不具有超声功能,因此制备的 MEA 催化剂颗粒比较粗糙,催化层厚度均一性较差。

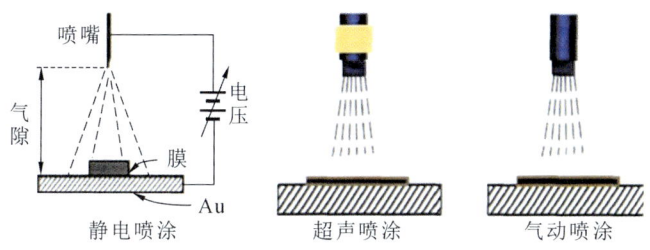

图 6.18　三种喷涂方法的原理示意图[17]

另一种非接触式 MEA 制备方法是沉积法。此方法又大致可以分为化学气相沉积(chemical vapor deposition,CVD)、物理气相沉积(physical vapor deposition,PVD)、原子层沉积(atomic layer deposition,ALD)、真空溅射(vacuum sputtering)沉积等。化学气相沉积法利用高温使前驱体成为气态,并通过化学反应使气态前驱体中的某些成分沉积在基体上形成薄膜。物理气相沉积法通过多种方式(如电子束、激光束、离子束等)高能轰击金属或金属合金等靶材使金属原子蒸发,然后沉积在基体表面上。原子层沉积法将物质以单原子膜形式一层一层地镀在基底表面。真空溅射沉积法需设置一个与靶面电场正交的磁场,溅射时产生的电子在正交的电磁场中做近似摆线运动,同时高能量粒子与气体碰撞后失去能量,从而在基体上完成镀膜。

喷墨打印技术根据工作原理可以分为压电式和热感应式两种,这两种技术同样可以用于 MEA 的制备(见图 6.19)。压电式喷墨打印技术利用压电陶瓷在电压作用下会发生形变的原理,适时地对压电陶瓷施加电压,使其发生形变从而压缩喷嘴中的墨水,墨水喷出到介质表面形成图案。热感应式喷墨打印技术利用一个薄片电阻,在墨水喷出口将墨水加热,形成一个气泡。这个气泡以极快的速度膨胀,迫使墨滴从喷嘴喷出。Towne 等人[23]采用两种喷墨打印机(压电式采用 EPSON 喷墨打印机,热感应式采用 HP 喷墨打印机)来制备 MEA,通过调整打印机的色度、饱和度等参数控制载量,在没有优化该技术的条件下,得到的 MEA 载量低,但是性能并不理想。

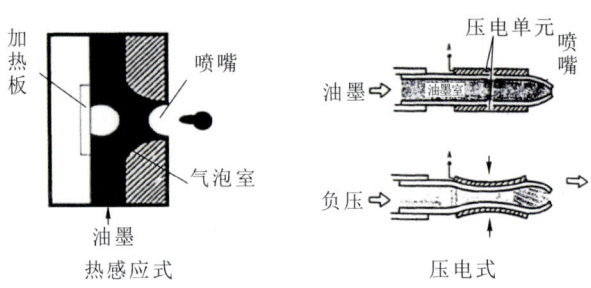

图 6.19　热感应式和压电式喷墨打印示意图

6.3.3　间接式 MEA 制备方法

　　间接式 MEA 制备方法主要包括薄层电极法(贴花转印法)和氧化还原法。薄层电极法制备燃料电池 MEA 最初是由美国洛斯阿拉莫斯国家实验室(Los Alamos National Laboratory,LANL)的 Wilson 等人[24,25]提出的。该技术的特点是用 Nafion 溶液替代 PTFE 作为质子导体,与催化剂混合形成催化剂油墨,然后通过多种方式(丝网印刷、刮涂、刷涂、喷涂等)将催化剂制备到光滑的基底上,再通过热压将催化层转印到 PEM 上形成 CCM,然后与 GDL 热压形成 MEA。具体制备方法是:首先将质量分数为 5% 的 Nafion 溶液与 Pt/C 电催化剂混合,Pt/C 电催化剂与 Nafion 树脂的质量比控制在 3:1 左右,再向其中加入水与甘油,控制 Pt/C、H_2O、甘油的质量比为 1:5:20,超声混合均匀,使其成为油墨状态。将此油墨分几次涂到洁净的 PTFE 膜上,并在 130 ℃烘干去掉分散剂,再将带有催化层的 PTFE 膜与经过预处理的 PEM 热压,并剥离 PTFE 膜,将催化剂转移到 PEM 上。使用此法可以得到 5 μm 以内的薄层电极。

　　氧化还原法是一种通过化学或电化学的方法将不同价态的化合物氧化还

原成单质铂的方法。Taylor 等人[26]最先提出用电化学氧化还原电沉积法制备 MEA。先制备无催化剂的气体扩散电极,将 Nafion 浸入该电极,然后采用阳离子形式的 Pt 的前驱体与扩散层内的 Nafion 进行离子交换,然后通过电化学还原法制备单质 Pt。

6.3.4 双面直涂技术及其挑战

燃料电池电堆是几十至几百个单电池的组合体,只要整个电堆中任何一个单电池中的 MEA 漏气,整个电堆就不能工作。因此,MEA 的技术和生产不仅决定了电堆的成本,同时也决定了电堆的使用条件、寿命和氢燃料电池的推广使用。其中,阴、阳极双面直涂工艺制备 CCM 的技术越来越受产业界的重视。涂布质量的好坏在很大程度上影响着 MEA 的最终性能。由于工艺突破难度大,目前 MEA 采用的第一代双面转印 CCM 工艺,存在生产效率不高、PEM 因热压转移产生机械损伤导致寿命降低等问题。按照常规的转印工艺,1 min 能完成 3~6 片 MEA 的涂布,阴、阳极双面直涂 1 min 可以做到涂布 30 片以上(按照 1 m MEA 约有 6 片计算)。从制造效率来看,阴、阳极双面直涂工艺更能满足自动化批量制造的需求。事实上,对处于起步阶段的燃料电池行业来说,MEA 市场需求尚待挖掘,不同工艺路线满足不同的市场需求,现阶段第一代"双面转印"与第二代"阴极直涂阳极转印"工艺仍然有发展和提升的空间。

目前在规模化制备工艺选择上,大部分 MEA 供应商都选择 CCM 法。制备 CCM 的工艺主要有三种:

(1)热压转印法。先将阴极催化层和阳极催化层分别涂布到基底上,然后将阴极催化层和阳极催化层热压转印到 PEM 上。

(2)阴极直涂和阳极热压转印法。将阴极催化层直接涂布到 PEM 上,随后通过热压转印技术将阳极催化层转移到带有阴极催化层的半 CCM 上,最终得到全 CCM。

(3)阴、阳极双面直涂法。通过双面直涂的方法将阴极催化层和阳极催化层涂布到 PEM 上得到 CCM。CCM 制备后再和 GDL 贴合热压得到完整的 MEA。将催化剂直接作用在 PEM 的两面,无须热压转印以制备 MEA 的一种技术,也称双面直涂技术,这种技术生产效率高、优率高,能够提高催化剂的利用率和质子传导性,进一步降低催化剂 Pt 的涂布量,适合大批量生产,但是难度极高。这是因为 CCM 直接涂覆法只能在 PEM 的第一面直接涂覆,如果在 PEM 的第二面直接涂覆催化剂,会使 PEM 发生大尺寸不可控的溶胀。

目前业界针对 MEA 的双面直涂主要有两种方案:一种是直接通过设备工艺改造和配方的改良实现双面直涂,日本的 SCREEN 株式会社是其中杰出的代表。但是这种设备价格昂贵,单次投入成本较高。另一种则是抗溶胀膜的路线。例如,通过胶层吸附的方法抑制涂第二面催化层时产生的溶胀,但在涂覆完第二面催化层后,去除抗溶胀膜时可能会将第一面的部分催化层粘掉;另外,抗溶胀膜还对第一面的催化层有选择性黏结作用,即某些第一面催化层的配方不能让抗溶胀膜紧密黏结。

广州大学黄埔氢能源创新中心团队与鸿基创能科技(广州)有限公司研发团队在 CCM 关键材料设计制备和工程化应用方面进行了大量合作。鸿基创能开发了国内领先的 CCM 阴极和阳极双面直涂技术、MEA 一体成形技术和 MEA 自动快速封装技术,生产的 CCM 和 MEA 产品核心技术自主可控,为 MEA 大规模产业化奠定了坚实的基础,也在今后国产 MEA 快速降低成本的道路上迈出了坚实的一步。其产品的性能、一致性、良品率均居国内前列,为国际一流水平。目前,该公司已与国内外 80 多家燃料电池电堆客户形成有效的合作机制,覆盖亚洲、北美、欧洲等地区的知名燃料电池企业。其产品得到了市场的广泛认可,配套车型有燃料电池客车、燃料电池面包车、燃料电池重卡等。

本章参考文献

[1] PAPAGEORGOPOULOS D. Fuel cell R&D overview[R/OL]. https://www. hydrogen. energy. gov/pdfs/review19/plenary_fuel_cell_papageorgopoulos_2019. pdf.

[2] Fuel cell technical team roadmap[Z/OL]. https://www. energy. gov/eere/vehicles/articles/us-drive-fuel-cell-technical-team-roadmap.

[3] MIDDELMAN E. Improved PEM fuel cell electrodes by controlled self-assembly[J]. Fuel Cells Bulletin,2002,2002(11):9-12.

[4] HATANAKA T,NAKANISHI H,MATSUMOTO S I,et al. PEFC electrodes based on vertically oriented carbon nanotubes[J]. ECS Transactions,2006,3(1):277-284.

[5] TIAN Z Q,LIM S H,POH C K,et al. A highly order-structured membrane electrode assembly with vertically aligned carbon nanotubes for ultra-low Pt loading PEM fuel cells[J]. Advanced Energy Materials,2011,1(6):1205-1214.

[6] ZHANG W M,CHEN J,MINETT A I,et al. Novel ACNT arrays based MEA structure-nano-Pt loaded ACNT/Nafion/ACNT for fuel cell applications[J]. Chemical Communications,2010,46(26):4824-4826.

[7] MURATA S,IMANISHI M,HASEGAWA S,et al. Vertically aligned carbon nanotube electrodes for high current density operating proton exchange membrane fuel cells[J]. Journal of Power Sources,2014,253:104-113.

[8] XIA Z X,WANG S L,JIANG L H,et al. Bio-inspired construction of advanced fuel cell cathode with Pt anchored in ordered hybrid polymer matrix[J]. Scientific Reports,2015,5:16100.

[9] NING F D,BAI C,QIN J Q,et al. Great improvement in the performance and lifetime of a fuel cell using a highly dense, well-ordered, and cone-shaped Nation array[J]. Journal of Materials Chemistry A,2020,8(11):5489-5500.

[10] PAN S F,QIN J Q,NING F D,et al. Well-dispersed Nafion array prepared by the freeze-drying method to effectively improve the performance of proton exchange membrane fuel cells[J]. ACS Sustainable Chemistry & Engineering,2021,9(49):16770-16777.

[11] LI Y L,WEN Q L,QIN J Q,et al. A high-efficient and low-consumption nanoimprint method to prepare large-area and high-quality Nafion array for the ordered MEA of fuel cell[J]. Chemical Engineering Journal,2023,451:138722.

［12］ LI Y L,WEN Q L,ZOU S Y,et al. Multiscale architectured Nafion membrane derived from lotus leaf for fuel cell applications［J］. ACS Applied Materials & Interfaces,2023,15(24):29084-29093.

［13］ NING F D,QIN J Q,DAN X,et al. Nanosized proton conductor array with high specific surface area improves fuel cell performance at low Pt loading［J］. ACS Nano,2023,17(10):9487-9500.

［14］ PAN S F,WEN Q L,DAN X,et al. Enhanced triple-phase interface in PEMFC by proton conductor absorption on the Pt catalyst［J］. ACS Applied Materials & Interfaces,2023,6(2):763-772.

［15］ LIU Y Y,TIAN B,NING F D,et al. Hybrid 3D-ordered membrane electrode assembly (MEA) with highly stable structure,enlarged interface, and ultralow Ir loading by doping nano TiO_2 nanoparticles for water electrolyzer［J］. Advanced Energy Materials,2024,14(10):2303353.

［16］ DONG S,ZHANG C Y,YUE Z Y,et al. Overall design of anode with gradient ordered structure with low iridium loading for proton exchange membrane water electrolysis［J］. Nano Letters，2022，22（23）:9434-9440.

［17］ 王刚. 燃料电池膜电极制备方法及性能研究［D］. 南京:南京大学,2016.

［18］ PARK I S, LI W, MANTHIRAM A. Fabrication of catalyst-coated membrane-electrode assemblies by doctor blade method and their performance in fuel cells［J］. Journal of Power Sources,2010,195(20):7078-7082.

［19］ YIM S D,SOHN Y J,PARK S H,et al. Fabrication of microstructure controlled cathode catalyst layers and their effect on water management in polymer electrolyte fuel cells［J］. Electrochimica Acta,2011,56(25):9064-9073.

［20］ KREBS F C. Fabrication and processing of polymer solar cells:A review of printing and coating techniques［J］. Solar Energy Materials and Solar Cells,2009,93(4):394-412.

[21] KREBS F C. Polymer solar cell modules prepared using roll-to-roll methods：Knife-over-edge coating，slot-die coating and screen printing [J]. Solar Energy Materials and Solar Cells，2009，93(4)：465-475.

[22] BATURINA O A，WNEK G E. Characterization of proton exchange membrane fuel cells with catalyst layers obtained by electrospraying [J]. Electrochemical and Solid-State Letters，2005，8(6)：A267-A269.

[23] TOWNE S，VISWANATHAN V，HOLBERY J，et al. Fabrication of polymer electrolyte membrane fuel cell MEAs utilizing inkjet print technology[J]. Journal of Power Sources，2007，171(2)：575-584.

[24] WILSON M S，GOTTESFELD S. Thin-film catalyst layers for polymer electrolyte fuel cell electrodes[J]. Journal of Applied Electrochemistry，1992，22(1)：1-7.

[25] WILSON M S，GOTTESFELD S. High performance catalyzed mem-branes of ultra-low Pt loadings for polymer electrolyte fuel cells[J]. Journal of The Electrochemical Society，1992，139(2)：L28-L30.

[26] TAYLOR E J，ANDERSON E B，VILAMBI N R K. Preparation of high-platinum-utilization gas diffusion electrodes for proton-exchange-membrane fuel cells[J]. Journal of The Electrochemical Society，1992，139(5)：L45-L46.

第 7 章
双极板

PEMFC 主要由 MEA 和双极板（bipolar plates，BPs）两部分构成，要降低其成本和提高输出功率，除了改进三合一膜电极组件、降低 Pt 含量或选用替代金属外，主要是设计合适的流场结构、选择合适的极板材料、开发合理的制备工艺，从而降低电池的内阻、提高电池的性能。

双极板是 PEMFC 的关键部件之一，其表面有流场通道，起着隔离并均匀分配反应气体、收集并导出电流、串联各个单电池等作用。目前，双极板大概占电池组总质量的 80%，而机加工石墨流场板的成本则占整个电池组成本的 60%～70%。随着极板流场通道尺寸的微小化，双极板的制造难度和成本急剧上升，尤其是在燃料电池微型化过程中，双极板的成形方法、精度、尺度效应、工艺控制与优化、效率等问题急需解决，以推进燃料电池的产业化进程。

PEMFC 的双极板在功能和要求上主要有以下几个方面：分隔氧化剂与还原剂，应具有阻气功能；集流作用，应是电子的良好导体；热量的良好导体，保证工作温度分布均匀并顺利排出废热；双极板材料在其工作温度与电位的范围内，同时具有在氧化介质和还原介质中的抗腐蚀能力；双极板两侧的流场通道应保证反应气体均匀分布；支撑 MEA 以保证电堆结构的稳定；排出反应过程中产生的水；连接单个燃料电池。

PEMFC 具有低温快速启动、比能量高、零排放、高效率等特点，应用前景广阔。低成本高效双极板成形方法也是制约 PEMFC 商业化的瓶颈之一。本章主要介绍双极板在国内外的研究现状及发展趋势、双极板种类、双极板流场结构、双极板制造方法，并展望了双极板的研究方向。

7.1 双极板在国内外研究现状及发展趋势

在燃料电池双极板方面,国内外进行了多年的研究,主要集中在双极板材料选择和制备、流场通道结构布置以及双极板制造方法等方面。

PEMFC 是一种以水为唯一副产物,将氢气和氧气转化为电能的装置。PEMFC 作为一种高效、近零排放的清洁能源器件备受关注。PEMFC 堆叠组件的成本是其民用应用的主要障碍。其中一个重要的组件是双极板,这个多功能组件把电池单元连接起来。其主要功能还包括导出气体和从反应区域散热,这些功能要求双极板材料应具有基本的化学稳定性、高导电性和高导热性。此外,双极板还应具有以下特点:与背衬的接触电阻低、机械强度好、透气性低、成本低,并能够使反应物气体均匀分布和有效去除生成物。为了运输方便,还要求双极板质量轻、体积小。目前为止,并没有一种材料可以同时满足上述所有要求。在早期应用中,石墨双极板占主导地位。然而,对于民用而言,石墨双极板的体积偏大,这与石墨的透气性较低有关。另外,石墨双极板的气体通道的加工成本偏高,而且石墨是脆性材料,这是石墨材料不能大规模应用的最大障碍。由于双极板在 PEMFC 的成本和质量中占了很大的比例,优化双极板结构和材料是降低 PEMFC 成本的重要挑战之一。2002 年,双极板约占 PEMFC 总质量的 90%、总材料成本的 67%。2004 年,石墨双极板在 PEMFC 总质量中的占比下降到 78%,在总成本中的占比下降到 37%。2006 年,石墨双极板的继续优化使得其在电池总质量中的占比下降到了 75%,在电池总成本中的占比下降到 11%~45%。但是,PEMFC 要想在民用市场大规模应用,成本需要进一步降低。表 7.1 列出了美国能源部关于双极板的技术目标。

表 7.1 美国能源部关于双极板的技术目标

序号	性能	2020 年目标	2025 年目标
1	电导率/(S/cm)	100	>100
2	面积比电阻/($\Omega \cdot cm^2$)	0.01	<0.01
3	H_2 渗透率/(cm^3/(s·cm^2·Pa))@80℃,3 atm,100%RH	1.3×10^{-14}	2×10^{-6}
4	导热系数/(W/(m·K))	10	—

续表

序号	性能	2020 年目标	2025 年目标
5	阴极腐蚀电流/($\mu A/cm^2$)	1	<1
6	寿命/h	5000	8000
7	功率比质量/(kg/kW)	0.4	0.18
8	成本/(美元/kW)	3.0	2.0
9	抗弯曲强度/MPa	25	>40

注:1 atm=101.3 kPa,RH 表示相对湿度。

在燃料电池的研究和发展过程中,石墨双极板是最早研发的技术成熟的产品,基本已实现国产化和商业化大规模生产,是目前国内双极板市场的主流选择。

7.2 双极板种类

如图 7.1 和表 7.2 所示,近年来研究较多的双极板大致可分为石墨双极板、金属双极板及复合材料双极板等。这些双极板由不同的材料制成,有各自的优缺点。本节针对这些双极板的优缺点进行了比较和详细描述。

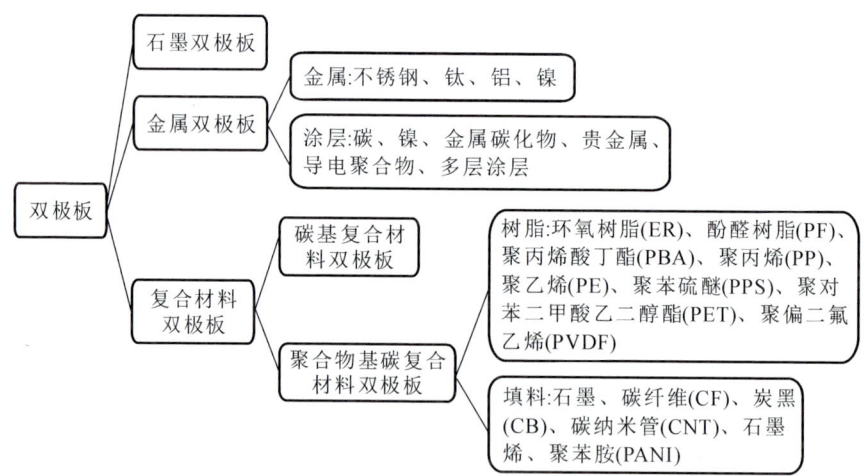

图 7.1 双极板按不同材料分类

表 7.2 用于制作双极板的不同材料的性能及成本对比[1]

双极板材料	化学稳定性	导电性	导热性	耐蚀性	机械强度	机械加工性能	成本
石墨	好	好	好	强	弱	困难	高
金属	好	好	好	弱	好	容易	低
复合材料	好	一般	一般	强	好	困难	高

7.2.1 石墨双极板

石墨材料是较早开发和应用的双极板材料,现在的制造技术已经比较成熟。石墨双极板质量轻、耐蚀性好、导电性好,对碳纤维的 GDL 具有良好的亲和力。但是石墨材料加工难、产率低,导致其制造成本高。此外,石墨材料的脆性给组装造成了一定的难度。石墨材料在制造过程中容易产生气孔,会使燃料与氧化剂相互渗透,同时还需要浸渍等后续处理。

根据工艺需求,石墨可以制成粉末、线圈、板材和乳液等不同形态,但在原材料上主要分为石墨粉、膨胀石墨、鳞片石墨三类。石墨粉:是一种对化学反应非常敏感的物质,其电阻率会随环境变化而改变。石墨粉耐高温且化学稳定性、可塑性都很好。膨胀石墨:天然石墨鳞片通过插入、水洗、干燥、高温膨胀得到的疏松多孔蠕虫状物质。膨胀石墨除了具有天然石墨本身的优良性能外,还具有天然石墨所不具备的柔韧性、压缩弹性、吸附性和耐受性等特性。膨胀石墨遇到高温,体积可瞬间膨胀 150～300 倍。鳞片石墨:结晶完整,是显晶质石墨,具有鱼人形状、六角晶界和层状结构,韧性良好。鳞片石墨的物化性能优异,尤其是在导热性、导电性、抗热冲击性、耐蚀性方面表现突出。

成形的石墨双极板主要有无孔石墨双极板和柔性石墨双极板两种。无孔石墨双极板:一般由碳粉或石墨粉与可石墨化的树脂制备。石墨化的温度通常高达 2500 ℃。石墨化须按照严格的升温程序进行,而且时间很长,这一制造过程导致无孔石墨双极板价格高昂。在石墨双极板上机械加工流场通道也是费工时且高价格的。柔性石墨双极板:性质稳定、价格低、导电性好、耐腐蚀、易于加工,还有自密封作用。可膨胀石墨膨化后可直接压制出不同密度的柔性石墨双极板,其电阻率随柔性石墨密度的增大而减小,电阻明显小于含乳胶的柔性石墨双极板的电阻,是良好的流场板材料。考虑到加工以及双极板性能问题,通常对纯石墨双极板进行改性或者与其他成分进行复合后再使用。例如,在早期的工作中,针对石墨双极板制造过程中产生气孔的问题,王明华等人[2]采用真空加压法将石墨双极板在硅酸钠浓溶液中进行浸渍处理,然后加酸、加热孔隙中的硅酸钠使其转变为 SiO_2。这导致石墨双极板气孔率由最初的 18.2% 降低至 3.3% 以下,在 0.3 MPa 的 H_2 压力下不透气,并且 SiO_2 的引入并没有导致石墨双极板整体电阻的增加。然而,石墨双极板体积大、质量轻和加工困难等显著问题对 PEMFC 整体的性能,特别是耐久性的提高以及 PEMFC 的成本降低并不友好,因此近年来金属双极板和复合材料双极板更引人关注。

7.2.2 金属双极板

金属双极板具有良好的导电性、导热性、机械加工性、致密性,并且容易制备,适合批量生产。目前应用的金属双极板材料包括铝(Al)、钛(Ti)、不锈钢和镍合金等。但是对于金属材料而言,最大的挑战仍然是抗腐蚀问题。PEMFC主要在酸性环境中工作,同时伴随着阴极和阳极的氧化还原反应,在长期服役过程中,金属表面容易发生氧化和溶解,导致双极板与 GDL 之间的界面接触电阻(interface contact resistance,ICR)增加,进而引发 PEM 的降解和催化剂失活等一系列问题。针对酸性条件下的金属腐蚀问题,通常会采取表面镀防护层的措施来改善金属双极板的性能[3]。在上述金属材料中,铝板和钛板易形成氧化物而增加接触电阻。铝板即使在涂覆金后也易发生离子溶出,并与 PEM 发生反应,因此铝双极板必须保证涂层完全无孔隙,以防止金属离子渗入电解质膜,避免离子电导率下降和膜的老化失活。镍合金双极板虽然不易形成氧化物保护层,但同样容易溶出离子,从而导致 PEM 的降解。此外,钛板和镍板的成本都较高,限制了其广泛应用。因此,目前研究较多的是不锈钢板,其化学稳定性高、选择范围广、成本低,已成为金属双极板材料中最具竞争力的候选者。以下主要以不锈钢双极板为例介绍金属双极板的改性研究进展。

7.2.2.1 表面氮化/铬化层

铬(Cr)是不锈钢中最重要的合金元素之一,其主要作用是能在不锈钢表面形成一层致密的氧化铬膜，从而提高不锈钢的耐蚀性。通过提高 Cr 的含量，不锈钢将获得更好的耐蚀性，但氧化物层降低了界面的导电性。此外，相比于增加体相中 Cr 元素的含量，表面改性提高耐蚀性更加可控。

现有研究已经表明，不锈钢表面可以通过氮化、镀铬氮化合物(Cr-N)、镀铬碳化物(Cr-C)等提高表面耐蚀性[4]。如表 7.1 所示，美国能源部的技术目标中，对双极板的面积比电阻和阴极腐蚀电流均提出了要求。相比于氧化物层，这些涂层的优势在于能够更好地平衡耐蚀性和导电性。例如，Mani 等人[5]在 $0.1\ mol/L\ HNO_3$ 和 $0.5\ mol/L\ KNO_3$ 的水溶液中通过恒电位法对 316L 不锈钢表面进行了电化学氮化。表面的氮化层以混合氮化物的形式存在，包括 CrN、Cr_2N 和含氮氧化物(Cr-O-N)。他们对比了不同电位($-0.6\ V$、$-0.5\ V$、$-0.4\ V$、$-0.3\ V$)下的氮化后的不锈钢的接触电阻，确定了 $-0.5\ V$ 的最佳工艺参数，所得氮化不锈钢的接触电阻为 $7\ m\Omega \cdot cm^2$。这是 2017 年的研究工作，其接触电阻已经达到了 2025 年的性能目标要求，体现了这种氮化涂层的优越性。

7.2.2.2　表面导电碳层

碳材料涂层的开发实际也是为了应对表面氧化物保护层导电性差的问题。理想的双极板需要同时满足耐蚀性和导电性要求。Fukutsuka 等人[6]利用等离子体化学气相沉积法制备了 sp^2 导电碳层覆盖的 304 不锈钢，碳覆盖层的厚度不超过 $1\ \mu m$，其界面接触电阻较小，且耐蚀性也较好。Cunningham 等人[7]采用高含碳量(含碳量为 $91.75\%\sim96.75\%$)聚合物热解的方法，制成了碳覆盖的金属双极板。将高含碳量聚合物喷涂于不锈钢双极板的表面，于惰性气氛中加热至 $600\sim850\ ℃$。因所采用的聚合物含碳量极高，热解时只释放出少量气体，因而能形成致密的碳层，其电阻率约为 $0.01\ \Omega/cm$。为进一步消除针孔，采用了 3 层结构：先喷涂一层高含碳量聚合物，然后喷涂一层由黏结剂、石墨粉和溶剂组成的复合物，最后喷涂一层高含碳量聚合物。经高温热解，中间层只剩下石墨及黏结剂的碳化产物。然而在实际应用中，碳材料涂层与金属碳化物相比并不具备优势。

7.2.2.3　其他表面涂层和强化方式

除了上述涂层外，导电聚合物和其他金属碳/氮化物或合金也被开发用于提高双极板的综合性能。导电聚合物涂层中通常会加入一些添加剂来提高耐蚀性。例如,掺杂铌(Nb)和 TiO_2 的聚苯胺(PANI)涂层[8]、掺杂碳粉和聚多巴胺(PDA)的复合聚吡咯涂层[9]等。其他的金属化合物主要以钛(Ti)的氮化物和镍(Ni)合金材料为主[4]。导电聚合物与金属化合物之间有时也进行相互的掺杂互补[10,11]。此外,贵金属元素,如金(Au)、铂(Pt)等具有优异的导电性以及酸性条件下的出色耐蚀性,因此常被用于改性涂层材料或者直接作为防护层[12-14]。然而综合考虑成本因素(包括原材料成本和耐久性不足增加的成本等),贵金属用于防护层的优势并不显著。

随着激光技术的日益成熟,我们可以将其应用到金属双极板的表面改性上,如激光冲击强化金属材料后可以使表层发生塑性变形,产生高密度位错、孪晶,以及很大的残余压应力,这些变化提高了材料的硬度、耐蚀性、疲劳强度,从而有效地改善了材料的综合机械性能和耐蚀性,使得金属双极板的应用范围进一步扩大。

在大量的表面改性方法中,通过物理气相沉积法制备的涂层通常具有光滑的表面,裂纹和孔洞较少,可以达到耐蚀性和接触电阻标准。但是这种方法并不适合大规模生产。电化学沉积作为一种成熟的表面改性方法,具有能批量生产和成本低等优点。然而,该方法的难点在于如何在沉积过程中实现对涂层表面形态的精确控制。

7.2.3 复合材料双极板

复合材料双极板通常由聚合物树脂基体和石墨等导电性填料组成,树脂作为增强剂和黏合剂,为双极板提供强度和密封性。复合材料双极板具有耐腐蚀、易成形、成本低、体积小、强度高等特点,是发展趋势之一。然而目前生产的复合材料双极板的界面接触电阻和成本比较高,这是当前需要解决的关键问题。

常见的树脂填料可以分为热固性树脂(如环氧树脂(ER)、酚醛树脂(PF)、乙烯基树脂(VER)等)和热塑性树脂(如聚丙烯(PP)、低密度和高密度聚乙烯(PE)、聚偏二氟乙烯(PVDF)、聚苯硫醚(PPS)、聚碳酸酯(PC)、聚对苯二甲酸乙二醇酯(PET)、尼龙(PA)、聚醚醚酮(PEEK)、聚苯胺(PANI)等)[15]。

热固性树脂具有低黏度,因此可以容纳更高比例的填充材料,这有助于提高双极板的导电性。由于在复合材料固化过程中形成交联结构,它们的化学性质也比热塑性树脂更稳定。热固性复合材料可以很容易地通过压缩成形制造,并且在成形过程中可以直接引入流场。它们在 PEMFC 的高工作温度下也具有良好的热稳定性和尺寸稳定性。然而,热固性树脂的成形周期较长,使其在生产效率和成本方面并不具备显著优势。相比之下,以热塑性树脂为基体材料制成的双极板具有完全可回收的特性,并具备成本低、机械和化学性能良好、耐腐蚀、渗透性低、抗弯曲强度优异以及易于获取等优点。此外,热塑性树脂可以通过注塑成形实现自动化生产,且成形周期较短,更适合大规模量产。然而,热塑性树脂具有极高的熔融黏度,因此只能添加少量的填充材料,导致其导电性较低。同时,热塑性树脂在高温应用中也不太稳定,在产品从模具中取出之前,应引入冷却步骤使材料凝固,以便达到适当的机械强度。熔融共混工艺是制备成形用热塑性复合材料的常用方法。此过程不需要溶剂,使其具有成本效益和环境友好性。通常采用内部混合机、挤出机和双辊轧机等设备进行混合操作。

聚合物/填料复合材料双极板的制作方法大致如下:将聚合物树脂与填料均匀混合,通过注塑或模压方式在模具中固化并形成流场。美国能源部对树脂/石墨双极板材料的性能提出了一系列的要求,其中最主要的性能指标是电导率大于 100 S/cm,抗弯曲强度大于 50 MPa。

阴强等人[16]以酚醛树脂与石墨粉料为原料通过热模压成形得到一种燃料电池双极板材料。采用正交试验方法研究了石墨含量、固化时间以及固化温度对复合材料的影响。将不同配比的酚醛树脂粉末和石墨粉末(不同粒径)在 QIF-16 型高能球磨机中混合均匀,然后将混合粉料在热压炉中不同温度下模压成形,并保温保压一定时间,制得复合材料。通过正交试验方法,确定最佳工艺条件:石墨含量为 85%,固化时间为 100 min,固化温度为 260 ℃。制备的复合材料的电导率与抗弯曲强度分别为 171.2 S/cm 和 59.7 MPa,都满足美国能源部对双极板的性能要求。加入碳纤维能够改善其机械性能,文献测试得出,不加碳纤维时的拉伸强度为 4 MPa,而加入两层碳纤维后其拉伸强度增至 57 MPa。考虑到模压成形工艺对流场通道的优化设计要求,以石墨为基体的复合材料双极板不仅需要满足机械性能要求,还需要具有优良的模压性能。他们还以碳纤维、酚醛树脂以及石墨为原料通过热模压成形得到一种 PEMFC 双极板材料。用经过 10 h 液相处理、含量为 3%、长度为 10～15 mm 的碳纤维对复合材料进行增强时,复合材料的抗弯曲强度与电导率最佳,分别为 63.6 MPa、175.4 S/cm。性能提高的原因归结于有效引进了羟基等官能团,改善了材料间的界面结合。随着研究的深入,一些新型填料以及双极板结构也被开发出来。例如 Huang 等人[17]通过压缩成形工艺制备了具有"石墨-复合材料-石墨"结构的多层高性能聚苯并噁嗪/膨胀石墨复合材料双极板。多层协同作用使复合材料双极板的面内电导率达到 278.85 S/cm,面积比电阻为 9.70 mΩ·cm²,抗弯曲强度高达 75.75 MPa,达到美国能源部的 2025 年目标。

在复合材料中,有一种具有自烧结性的新型碳材料——中间相碳微球(MCMB)。其碳质颗粒由于本身含有黏结成分而具有良好的自烧结性,且所含挥发成分很少,可以直接作为压粉使用。因此,利用 MCMB 可以制备出优质的高密度材料,在制备石墨制品时简化了工序。如采用凝胶注模工艺,可以制备带复杂流场通道的中间相碳微球基双极板,且制品无缺陷,成品率高。

在表 7.3 所列的几种常用双极板材料中,镀镍磷铝合金的电导率是最高的,但考虑到耐蚀性和成本问题,其应用较少,使用复合材料可以解决这些问题。

表 7.3　常用双极板材料电性能

材料	电阻率/($\mu\Omega$/m)	电导率/($\times 10^5$ S/m)	IACS 电导率/(%)
镀镍磷铝合金	0.0558～0.0605	165.29～179.21	28.4～30.8
镍	0.095	105.26	18.10
316 不锈钢	0.7～0.8	12.5～14.28	2.15～2.46
纯碳板	1.1～1.5	6.67～9.09	1.15～1.56
石墨/树脂复合材料	11	0.91	0.156

注:IACS 为国际退火铜标准,是一种衡量金属材料电导率的标准。

7.2.4　结论

(1) 石墨双极板具有电阻小、耐蚀性强、质量轻等优点,其应用较广泛,但存在机加工困难与成本高的问题。

（2）金属表面改性材料最近发展迅速，且种类繁多，应用前景广阔。不锈钢材料经过表面改性后的性能能够很好地满足双极板的使用性能要求，具有很好的耐蚀性和高的电导率且接触电阻较低。考虑到成本的问题，应用还不广泛。

（3）复合材料近年来发展较好，材料性能的改进，尤其是高性能聚合物树脂的出现，对于此类复合材料具有显著的促进作用。近年来，复合材料的制造工艺得到进一步的优化，可以通过注射或模压工艺降低成本。中间相碳微球是一种新型碳材料，制作的复合材料双极板能够满足低成本、高性能的要求，使用凝胶注模工艺可进一步简化流程，对复合材料双极板的改性具有重要意义。中间相碳微球的许多优良特性还未能得到充分利用，其工业化程度还不够。因此，工业化研究还需进一步深入。

7.3 双极板流场结构

流场（流场通道）是双极板表面的物理流型或路径，能够引导反应气体的流动方向，使得气体沿着极板始终均匀分布，同时能够及时排出电池运行过程中产生的水分。如表7.4所示，不同的流场有不同的特点。双极板的发展与电池流场结构的不断改进是密不可分的。通过优化流场，电池效率最高可以提升50%，并且对PEMFC性能和成本也都有很大的影响。流场通道形式和尺寸在双极板阳极和阴极可以各不相同，流体在流场通道中的流动方向也可以不一样，氧化剂和燃料可以按照顺流、逆流或错流等方式流动。流场通道结构决定反应气与生成物在流场通道内的流动状态，设计合理的流场通道可以使电极各处均能获得充足的反应气并及时排出生成的水，从而提升燃料电池的性能。

目前有关点状流场的研究较多。点块的形状决定了反应气体的绕流方式与特点，而点块的布置方式则影响反应气体的流场，进而影响反应气体的分布均匀性与流场的排水散热性能。因此，在点状流场设计中，点块的布置方式是需要重点考虑的因素。点状流场结构简单，但是流体经过流场时易发生短路，且流体分布不均匀，不利于液态水排出，从而影响电池性能。

表 7.4　不同流场特点对比

流场	示意图	优点	缺点
点状流场		结构简单,适用于气态排水,流场通道传质面积大	易发生短路,使流体分布不均匀,反应气线速度不高,难以排出液态水,加工过程复杂
平行流场		易于加工,应用广泛,反应流体在若干平行流场通道内部流动时压力损失较小,可实现各流场通道流量相等、电流密度分布较均匀	流场通道数目过多和气流流速不大导致水不易排出,造成部分"水淹"
单通道蛇形流场		气体流速大,反应速率快,能迅速排出反应生成的水	气体压降较大,流场通道过长,大量转折导致气体传输中消耗过多的功
多通道蛇形流场		涵盖了单通道蛇形流场和平行流场通道的设计,可以灵活设计出满足不同需要的流场通道形式	相邻流场通道由于气流方向相反而具有一定的压力差,易导致气体在部分流场通道内短路或走旁路
交指流场		由于流场通道不连续,气体被迫流经扩散层,增强了扩散层的传质能力,从而提高了气体的利用率	扩散层阻力较大,使气体压降很大,严重时可发生反应流体与生成水的阻滞现象,易破坏催化层而影响电池性能,导致反应物和电极的利用率降低
网状流场		设计形式灵活,能够实现流体均匀分配,有利于反应气体的传质,同时具有较强的保湿能力	流速较低,排水能力较差,且金属网的防腐工艺很难,流场与分隔板之间的阻力降较大
螺旋流场		设计形式灵活,能够实现流体均匀分配,有利于反应气体的传质,同时保湿能力较强	流速较低,排水能力较差,且金属网的防腐工艺很难,流场与分隔板之间的阻力降较大
仿生流场		能够提高反应物的利用程度,电流密度分布均匀,排水散热作用较强	流场通道压降大,加工复杂

平行流场在燃料电池中应用广泛,加工简单且制作成本低。但是传统的平行流场存在流量分布不均以及"水淹"造成的性能恶化等问题,因此必须围绕流场通道的尺寸、截面形状、进出口设计以及布置方式等方面进行结构上的改进与调整,以提高其性能。总体上,目前平行流场正朝着尺寸精细化与导流式的方向发展,对于流场通道布置与进出口设计的改进研究相对较少。流场的优化设计应该综合考虑所有的结构影响因素。Ghasabehi 等人[18]设计了具有 8 种不同锥角结构的平行流场,研究结果表明这种流场结构的催化层中的水分散性更好,氧气从流场通道传输到催化层也更加容易,其功率密度与简单的平行流场相比提升了 46.1%,并且其供气系统的能耗是蛇形流场和简单平行流场的 1/180.1 和 1/10.9。陈曦等人[19]设计了一款引入强制对流的平行三维波浪形流场,提升了气体的利用率,并且波浪形结构有利于气体进入多孔层,促进液态水的排出,能够有效避免阴极流场"水淹"等问题。

蛇形流场由于具有良好的排水性,因此在燃料电池中应用广泛。但是由于其具有特殊的转折流场通道结构,会引起沿流动方向电流密度分布不均以及压降过大的问题。为了改善蛇形流场中反应物的传质过程与分布,应重点考虑流场通道尺寸、流场通道截面、进口分配段、U 形拐角以及流场通道布置等方面。目前对于进口分配段的设计与研究较少,对于多通道蛇形流场来说,进出口结构的设计显得尤为重要。它所决定的反应气体进入流场与排出流场时的状态又会反过来影响电池性能,是不容忽视的结构影响因素。加拿大巴拉德动力系统公司、美国通用电气公司等均采用以多通道蛇形流场为主的结构,但具体的形式有所区别。在流场通道长度较长时,若将流场通道分成若干区域,且在各区域采用蛇形流场通道,会得到较均匀的反应气浓度和电流密度分布。

交指流场通过其间断流场通道设计,迫使反应气体以强制对流的方式进入扩散层,从而显著提升电池性能。目前有关交指流场设计与改进的研究较少,改进方向应该是如何减小流阻、提高排水性能。除了考虑尺寸设计与截面设计等方面,还应考虑其流场通道布置形式的影响。交指流场与蛇形流场或平行流场的组合使用,可以解决其排水性能差与流阻大等问题。因此,交指流场与其他流场的组合形式及布置的研究也比较重要。

网状流场没有实在的流场通道,需要与分割两侧气体的导电板组合形成双极板,设计更灵活,对电极扩散层强度要求较低,但流速也低,排水能力差,流场与分割板间接触电阻较大,功率密度值比蛇形流场低得多。网状流场能形成湍流,有利于气体传质并减小浓差极化,但其金属网防腐制造工艺较为复杂,阻力降较高。此外,网状流场板电池在安装时需要确保电池组受力均匀,以保证电池性能。

螺旋流场出口通道尺寸更小,可以部分阻塞气流,使气体穿过气体扩散层到达催化层,便于电化学反应的进行。且出口通道尺寸比入口小,有利于催化层中水顺利排出。模拟和实验结果表明,在较低电压条件下,螺旋流场通道的电流密度比蛇形流场通道的电流密度高出 11.9% 以上。

仿生流场根据结构和分形维度的不同分为树枝形、叶脉形以及肺形。其最大的特点在于使流体在整个活性反应面积分布均匀且停留时间较长,有利于提高反应物的利用率,燃料电池的电流密度分布也会更加均匀。此外,合理的仿生流场也有利于减小流场通道内的压降,使流场通道内的压力分布也变得更加均匀。仿生流场的设计与改进,应重点考虑每级分形维度上分叉角度与分叉数量对反应气体的流动与分布状态的影响。Kahraman 等人[20]根据树叶形状设计的带有圆柱状障碍结构的仿生学流场,压降明显降低,并且气体在流场内均匀分布,电流密度与标准的蛇形流场相比提升了 42.1%。

7.4 双极板制造方法

7.4.1 石墨双极板的制造方法

7.4.1.1 机加石墨板

对石墨进行机加工是国内生产商制造双极板的主要方法,具体工艺包括将准备好的原材料通过切片、浸渍、打磨、雕刻等步骤加工成形。然而,由于石墨板的低强度和脆性,此加工方法不适合形成超薄(厚度小于 1.5 mm)双极板。此外,在机加工过程中,刀具与石墨之间的摩擦过大,导致双极板的尺寸精度和表面质量较差。Lei 等人[21]发现,在机加工的过程中,石墨会被压碎成小颗粒和细粉尘,并且刀具的尖端会遭受较大的冲击和压缩应力。此外,流场通道的加工增加了总成本,因此该方法逐渐被替代。

7.4.1.2　注塑石墨板

工艺流程:将一定比例的石墨与树脂混合料从注塑机的料斗送入机筒内,加热融化后的混合料通过加压经由喷嘴注入闭合模具内,经冷却定形后,脱模得到制品。为了提高双极板的导电性,可以在混合物中加入一些金属粉末,同时可以加入碳纤维或陶瓷纤维来提高机械强度。然而,注塑成形也有许多缺点,如黏结剂去除时间较长(长达7天)、厚截面易开裂、尺寸受限以及易产生缺陷等。虽然进一步石墨化可以提高板材的性能,但这将大大增加成本,因此该方法不适合大规模生产。

7.4.1.3　模压石墨板

为了解决加工成本高及规模化生产的问题,研究者开始采用模压成形工艺制造双极板。其工艺流程:首先制备石墨粉与树脂的混合材料,然后对混合材料和模具进行前处理,在温度为聚合物的熔融温度和一定的压力条件下,使粉料在模具中流动并充满整个型腔,固化脱模后得到双极板。如果所用黏结剂为热固性塑料,则一般只需要几分钟就可以固化脱模;如果所用黏结剂为热塑性塑料,则需将模具冷却到黏结剂熔点以下的温度后脱模。

总体来说,目前石墨双极板市场需求量大,但其空隙问题、成本问题以及加工时长问题仍有待解决。另外,在保持一定机械强度和良好阻气作用的前提下,双极板厚度应尽可能薄些,以减少对电流和热的传导阻力。从当前国内氢燃料电池汽车运营实际情况来看,客车、物流车、环卫车、叉车等商用车型成为市场主推车型,而商用车的高频次使用场景决定了其对零部件的耐久性要求较高。石墨双极板凭借其良好的耐久性,更适合当前处于示范运营阶段的燃料电池商用车领域。

7.4.2　金属双极板的制造方法

7.4.2.1　金属双极板成形工艺

(1)冲压与液压成形工艺。冲压成形工艺是用压力装置和刚性模具对板材施加一定的外力,使其产生塑性变形,从而获得所需形状或尺寸的一种方法。

冲压坯主要为热轧和冷镦钢板,占世界钢材总量的 60%～70%。因此,从原材料的角度来看,冲压成形工艺占主导地位。此外,冲压成形工艺生产双极板的产率高,产品具有薄(厚度低至 0.051 mm)、均匀和高强度的特性,广泛应用于汽车、航空航天等领域。液压成形工艺是利用液体或模具作为传力介质加工成产品的一种塑性加工技术。液压成形原理如图 7.2 所示。与冲压成形工艺相比,液压成形工艺对模具的需求量少(只需要一套模具)。液压成形工艺所生产的产品在尺寸和表面质量方面优于冲压成形工艺。

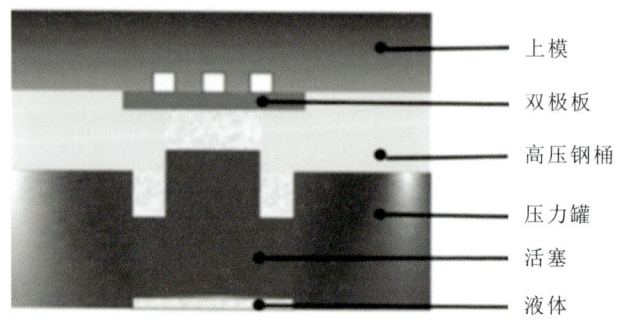

上模
双极板
高压钢桶
压力罐
活塞
液体

图 7.2　液压成形原理

　(2)橡胶垫成形工艺。橡胶垫成形工艺,也称为柔性成形工艺,是一种用于微/中型流场通道成形的新型冲压方法。该方法可以解决冲压和液压成形过程中的裂纹、皱纹和表面波纹的问题。橡胶垫成形原理如图 7.3 所示。在该工艺中,刚性模具和橡胶垫之间的接触表面是柔性的,这极大地提高了微尺度流场通道的可成形性。另外,橡胶垫和刚性模具不需要在成形过程中精确组装,从而可以大大缩短生产时间和降低成本。这种成形工艺的主要缺点是橡胶垫的使用寿命短,需要经常更换。

刚性模具
双极板
橡胶垫
固定板
容器

图 7.3　橡胶垫成形原理

7.4.2.2　金属双极板涂层

尽管金属有很多优点,但金属双极板更容易被腐蚀,所溶解的离子会毒害膜和催化剂,同时在金属材料的表面形成的钝化膜会使材料的阻抗增加,这会对燃料电池的性能和耐久性产生不利影响。金属双极板被腐蚀的原因:在阳极处,还原环境会破坏起保护性作用的金属氧化物层,形成氢化物并使金属溶解在水中,溶解的金属通过水蒸气混入燃料流中,增加 PEM 被污染的风险,并且对催化层的活性造成不利影响;在阴极处,氧化环境会显著加快金属双极板的腐蚀速率,从而导致性能下降,甚至整个电堆过早失效。因此,需要在金属基体表面涂覆性能优异的涂层材料以进行表面改性。涂层材料必须与双极板基底材料有相似的热膨胀系数,否则在燃料电池运行的过程中,温度的变化会导致涂层的开裂或者起皱,进而影响电池性能。金属双极板的涂层材料(见表 7.5)主要包括导电碳层、金属基材料层等。

表 7.5　金属双极板的涂层材料

涂层类型	涂层处理	双极板材料
石墨箔层	喷漆或压制	铝、钛、镍
石墨夹层	物理气相沉积或化学阳极电镀/氧化保护涂覆	铝、钛、镍、不锈钢
碳涂层	直流磁控溅射物理气相沉积	不锈钢
金	脉冲电流电镀沉积	铝、钛、镍、不锈钢
铟锡氧化物	电子束蒸发	不锈钢
氧化铅	蒸汽沉积与溅镀	不锈钢
氮化铬	磁控溅射	不锈钢

从涂层的工艺路线来看,目前主要有以下工艺路线:电镀、化学镀(如热浸镀、喷涂)、化学气相沉积(CVD)、物理气相沉积(PVD)、磁控溅射(MS)、包胶(PC)、化学钝化(CP)、等离子体表面扩散合金(PSDA)和微弧氧化(MAO)。目前,国内在金属板涂层方面应用更多的是 PVD 工艺。采用 PVD 工艺的涂层纯度高、致密性好,涂层与基体结合牢固,涂层不受基体材料的影响,是比较理想的金属双极板表面改性技术。

国内外对金属双极板加工方法进行了系列研究。美国弗吉尼亚联邦大学开发出了液压胀形与压力焊成形工艺,可在一个工步内完成阴极板和阳极板的液压胀形和焊接成形。Lee 等人[22]研究了采用电化学微细加工技术成形金属双极板,发现采用低脉冲速率、高脉冲电流能显著提高成形件的精度。Yokoyama 等人[23]研究了金属玻璃双极板在过冷流态下的热压成形方法,实验表明所组建的电池性能优于用 SUS316 材料制备的双极板。Hsieh 等人[24]将铜作为极板材料来制作微型 PEMFC 电堆,使用类似于 X 光深刻模造法(LIGA)的微型制作工艺,通过深度紫外光刻技术得到 SU-8(2100)抗蚀层图和 SU-8 流场模型。国内来新民、倪军等人提出了"基于薄板冲压成形的 PEMFC 双极板"成形方法,实现流场单板冲压一体化。付宇等人[25]提出利用裁剪机将金属板剪切成一定尺寸的平板,将平板放入模具中,利用油压机冲压加工金属双极板。另外,上海交通大学开发了一种基于辊压成形的 PEMFC 金属双极板制造方法[26],根据所设计的双极板结构形式,通过映射加工生成所有辊子对,然后在一条连续的生产线上同时进行两个单极板的极板辊压,再连接两个单独的单极板形成双极板。台湾元智大学燃料电池研究中心对金属双极板的电化学刻蚀成形进行了研究[22],他们用有限元方法对电化学刻蚀成形过程进行了模拟,然后在 316 薄钢板上刻蚀出了一段蛇形流场。还可以通过电铸工艺等对双极板进行加工。随着时间的推移,更为先进、精湛的工艺方法将会逐步涌现。

目前,国内外燃料电池双极板的成形方法主要为基于塑性的加工、基于 MEMS(微机电系统)的加工和特种加工。随着燃料电池外形尺寸的微型化,双极板的尺寸也相应减小,会产生由微型化而带来的尺寸效应,这使得传统的冲压工艺不再适用。为此,研究者们借鉴宏观增量成形思想,提出了 PEMFC 双极板微增量成形方法。该方法将宏观增量成形的优点与微塑性成形的优点结合起来,研究微增量成形的成形机理,通过控制冲头的成形力大小、成形深度、行驶路线等参数来完成双极板的成形。这种成形方法不需要凹模,可成形任意复杂形状的流场通道,材料的适应性强,并且冲头在成形时对材料有挤压作用,可达到强化材料的作用。

7.4.3 复合材料双极板的制造方法

7.4.3.1 结构复合双极板

结构复合双极板以薄金属或其他高强度、高致密性的导电板作为分隔板，以有孔薄碳板、金属网等作为流场板，以导电胶黏合。

7.4.3.2 材料复合双极板

材料复合双极板主要通过热塑性或热固性树脂料混合石墨粉/增强纤维形成预制料，并固化/石墨化后成形。复合材料双极板又可以分为碳基复合材料双极板和金属基复合材料双极板。碳基复合材料双极板可以根据导电填料及树脂配比调整双极板的导电性能和机械强度，可以采用模压或注射成形工艺进行批量化生产，降低双极板制造成本，未来具有广阔的应用前景。金属基复合材料双极板通常采用金属作为分隔板，边框采用塑料、聚砜、聚碳酸酯，以此来减轻电池组的质量，边框与金属板之间采用导电胶粘接，以注塑与焙烧法制备的有孔薄碳板或者石墨板作为流场板。金属基复合材料双极板集合了石墨双极板和金属双极板的优点，但是其结构及制备工艺复杂，难以实现批量化生产，生产成本远高于碳基复合材料双极板，在 PEMFC 中推广有一定困难，但是在特殊场景用途中具有一定优势。

7.5 双极板的应用

燃料电池系统主要应用于交通、固定应用和便携式应用等领域，不同的应用场景对燃料电池的性能有不同的要求，因而需要不同的双极板材料。表 7.6 展示了燃料电池的潜在应用场景及相应的性能要求。

在交通领域实现充分商业化是 PEMFC 发展的重要方向。例如，日本高度重视燃料电池汽车的研究，2008 年丰田汽车公司开发了一款 FCHV-adv 燃料电池汽车[27]，其双极板以 SS316L 为基材，以黄金为涂层材料。为了进一步优化成本和尺寸，丰田在 2014 年底开发了另一款 FCV"Mirai"，其双极板的基材从不锈钢改为钛金属。钛具有强度高、质量轻、耐蚀性强等优势。同时，Mirai 采用碳纳米材料作为涂层，提高了双极板的电导率。燃料电池固定式动力系统

表 7.6　燃料电池的潜在应用场景及相应的性能要求

应用场景		性能要求					双极板	
类型	具体分支	寿命	成本	体积	质量	电源	基底材料	涂层
航空航天领域	辅助动力装置	II	I	V	V	II	钛	贵金属/镍
	无人驾驶飞行器							
军事领域	便携式军用电源	II	I	V	V	II	钛	贵金属/镍
	滑动式发电机				IV	II	钛	
	潜水艇	IV			II	IV	钛/不锈钢	金属/镍/碳化物/聚合物
便携式应用领域	手电筒	I	V	IV	V	I		
	蓄电池充电器							
	小型个人电子产品							
	玩具							
交通领域	客车	III	IV	IV	IV	III	钛/不锈钢	金属/氮化物/碳化物/聚合物
	商用车		III	III	III		不锈钢/石墨烯	
	巴士		III		III			
	叉车		IV	IV	IV		钛/不锈钢	
	地铁、火车	IV	II	II	II	IV	不锈钢/石墨烯	
	船		III		III	III	石墨烯	
固定应用领域	应急电源	III	IV	III	IV	II	不锈钢/石墨	金属/氮化物/碳化物/聚合物
	大功率和热电组合装置	V	III	I	I	V	石墨	
	小型固定式微型热电组合装置			II	II	III	不锈钢/石墨	金属/氮化物/碳化物/聚合物
	不间断电源				III	II		
	较大的"永久"辅助动力装置			I	II	III	石墨	
其他	小型"可移动"辅助动力装置	III	V	III	IV	II	不锈钢/石墨	金属/氮化物/碳化物/聚合物

注:性能要求一共划分为五个等级,"I"是最低的要求,"V"是最高的要求。

不仅可以减少温室气体的排放、缓解环境压力,还可以满足住宅对于供电和供暖的需求。在其他方面,如固定应用领域,Devrim 等人[28]提出了一种通过气冷的 PEMFC 电堆,它由 24 个电池组成,用于便携式发电,并且在紧急应用中(例如地震等灾难后)表现出了良好的性能。为了实现气体的均匀分布和有效的除水,在石墨双极板中刻有平行通道的蛇形流场。实验结果表明,当活性面积为 100 cm^2 时,电堆的最大功率为 647 W。

7.6 PEMFC 双极板研究展望

在燃料电池双极板方面,国内外进行了多年的研究,主要集中在双极板材料选择和制备、流场结构布置以及双极板制造方法等方面。PEMFC 由于具有低温快速启动、比能量高、零排放、效率高等优点,发展前景广阔。双极板作为 PEMFC 的重要组件之一,也会得到更深入的研究,主要集中在以下方面:

(1)在双极板材料选择和制备中,石墨比较脆,组装加工有难度,应用有限;复合材料双极板虽然加工难、效率低,但它综合了石墨和金属双极板的部分优点,是未来发展趋势之一;金属双极板在表面改性或添加涂层技术方面有比较大的发展空间。

(2)双极板流场通道的形式多种多样,且各有优缺点,需要根据功能要求选择合适的流场通道形状,并且适当考虑流场通道尺寸(流场通道的长度、宽度、深度和脊的宽度等)对电池性能的影响。

(3)随着微机电系统的发展,要注重微型燃料电池双极板的加工和材料研究。另外,研究高性价比的双极板加工方法也是未来发展趋势之一。

本章参考文献

[1] HERMANN A,CHAUDHURI T,SPAGNOL P. Bipolar plates for PEM fuel cells:A review[J]. International Journal of Hydrogen Energy,2005, 30(12):1297-1302.

[2] 王明华,曹广益,朱新坚,等. 一种浸渍燃料电池用石墨双极板的新方法

　　　　[J].电源技术,2003(6):492-493.

[3]　SHIMPALEE S,LILAVIVAT V,MCCRABB H,et al. Investigation of bipolar plate materials for proton exchange membrane fuel cells[J]. International Journal of Hydrogen Energy,2016,41(31):13688-13696.

[4]　WU S D,YANG W M,YAN H,et al. A review of modified metal bipolar plates for proton exchange membrane fuel cells[J]. International Journal of Hydrogen Energy,2021,46(12):8672-8701.

[5]　MANI S P,RAJENDRAN N. Corrosion and interfacial contact resistance behavior of electrochemically nitrided 316L SS bipolar plates for proton exchange membrane fuel cells[J]. Energy,2017,133:1050-1062.

[6]　FUKUTSUKA T,YAMAGUCHI T,MIYANO S I,et al. Carbon-coated stainless steel as PEFC bipolar plate material[J]. Journal of Power Sources,2007,174(1):199-205.

[7]　CUNNINGHAM N,GUAY D,DODELET J,et al. New materials and procedures to protect metallic PEM fuel cell bipolar plates[J]. Journal of the Electrochemical Society,2002,149(7):A905.

[8]　WANG Y L,ZHANG S H,WANG P,et al. Synthesis and corrosion protection of Nb doped TiO_2 nanopowders modified polyaniline coating on 316 stainless steel bipolar plates for proton-exchange membrane fuel cells[J]. Progress in Organic Coatings,2019,137:105327.

[9]　CHEN Z H,ZHANG G H,YANG W Z,et al. Superior conducting polypyrrole anti-corrosion coating containing functionalized carbon powders for 304 stainless steel bipolar plates in proton exchange membrane fuel cells[J]. Chemical Engineering Journal,2020,393:124675.

[10]　DING G X,WANG C,GAO N,et al. Superior conductive polypyrrole anti-corrosion coating doped with titanium nitride for 304 stainless steel bipolar plates[J]. Journal of Applied Polymer Science,2023,140(12):e53639.

[11]　NARASIMHARAJU S J,KANDASAMY A,RAMASAMY S,et al.

Exploring the effectiveness of polypyrrole coating doped with TiN and CrN nanoparticles on aluminum alloy-based bipolar plates for PEMFC application[J]. ACS Applied Energy Materials,2024,7(21):9839-9851.

[12] FAN H Q,WU Y M,SU S,et al. Solution acidity and temperature induced anodic dissolution and degradation of through-plane electrical conductivity of Au/TiN coated metal bipolar plates used in PEMFC [J]. Energy,2022,254:124453.

[13] LIN K J,LI X Y,DONG H S,et al. Surface modification of 316 stainless steel with platinum for the application of bipolar plates in high performance proton exchange membrane fuel cells[J]. International Journal of Hydrogen Energy,2017,42(4):2338-2348.

[14] YUN Y H. Deposition of gold-titanium and gold-nickel coatings on electropolished 316L stainless steel bipolar plates for proton exchange membrane fuel cells[J]. International Journal of Hydrogen Energy, 2010,35(4):1713-1718.

[15] MATHEW C,MOHAMED S N,DEVANATHAN L S. A comprehensive review of current research on various materials used for developing composite bipolar plates in polymer electrolyte membrane fuel cells[J]. Polymer Composites,2022,43(7):4100-4114.

[16] 阴强,李爱菊,孙康宁,等. 酚醛树脂/石墨双极板复合材料的实验研究 [J]. 人工晶体学报,2007(4):807-811.

[17] HUANG Q L,TONG Y Z,HU B,et al. High-performance polybenzoxazine based composites PEMFC bipolar plates with a multi-layer structure for surface enrichment of conductive phase[J]. International Journal of Hydrogen Energy,2023,48(83):32540-32552.

[18] GHASABEHI M,ASHRAFI M,SHAMS M. Performance analysis of an innovative parallel flow field design of proton exchange membrane fuel cells using multiphysics simulation[J]. Fuel,2021,285:119194.

[19] 陈曦,余正锟,周浩伟,等. 质子交换膜燃料电池波浪形平行流场研究

[J].工程热物理学报,2021,42(4):1021-1025.

[20]　KAHRAMAN H,COBAN A. Performance improvement of a single PEM fuel cell using an innovative flow field design methodology[J]. Arabian Journal for Science and Engineering,2020,45(7):5143-5152.

[21]　LEI X L,WANG L,SHEN B,et al. Comparison of chemical vapor deposition diamond-,diamond-like carbon- and TiAlN-coated microdrills in graphite machining[J]. Proceedings of the Institution of Mechanical Engineers,Part B:Journal of Engineering Manufacture,2013,227(9): 1299-1309.

[22]　LEE Y M,LEE S J,LEE C Y,et al. The multiphysics analysis of the metallic bipolar plate by the electrochemical micro-machining fabrication process[J]. Journal of Power Sources,2009,193(1):227-232.

[23]　YOKOYAMA M,YAMAURA S I,KIMURA H,et al. Production of metallic glassy bipolar plates for PEM fuel cells by hot pressing in the supercooled liquid state[J]. International Journal of Hydrogen Energy, 2008,33(20):5678-5685.

[24]　HSIEH S S,HUANG C F,FENG C L. A novel design and micro-fabrication for copper (Cu) electroforming bipolar plates[J]. Micron,2008, 39(3):263-268.

[25]　付宇,侯明,燕希强,等.表面改性金属材料双极板前处理的研究[J].电源技术,2008(10):669-672.

[26]　吕晓芳,李细锋,陈军.能源装备用薄壁钣金构件的成形技术[J].中国材料进展,2016,35(4):260-267.

[27]　BONO T,KIZAKI M,MIZUNO H,et al. Development of new TOYO-TA FCHV-adv fuel cell system[J]. SAE International Journal of Engines,2009,2(1):948-954.

[28]　DEVRIM Y,DEVRIM H,EROGLU I. Development of 500 W PEM fuel cell stack for portable power generators[J]. International Journal of Hydrogen Energy,2015,40(24):7707-7719.

第8章
结论与展望

PEMFC 因在推进燃料电池汽车应用方面的优势以及近年来取得的显著技术进步而备受关注。本书从 PEMFC 组件及其关键材料的整体相互关系和设计角度,强调了 PEMFC 组件的发展方向。特别是 MEA 作为燃料电池的核心组件之一,直接影响着燃料电池系统的性能表现和商业化进程。其成本问题主要集中在材料成本、制造成本和系统集成成本等方面,而寿命问题则包括稳定性、耐久性等方面。

GDL(包括微孔层)的未来发展应侧重于跨尺度和跨组分传输的优化,同时在结构和润湿性控制方面与其他组分的改进保持一致。对于催化层而言,新型催化剂在本征活性层面上的活性已经足够大,但在 MEA 和电堆层面上仍需大幅改进。基于分子排列的碳支撑和催化剂/聚合物界面改性有望改善离聚物分布、提高催化剂利用率。有序结构的 MEA 是一个很好的候选材料,因为它能在超低催化剂负载下实现高功率密度。预计在未来 5～10 年内,耐久性和适应性更强的基于全氟磺酸的聚合物膜将继续主导 PEM 市场。双极板未来的设计目标将集中在提升耐蚀性、降低制造成本和减小界面接触电阻等方面。同时,为实现超高功率密度运行,需进一步提高质量传输能力。BPs-MEA 的集成设计凭借消除界面接触和缩小体积的优势,为实现超高功率密度运行提供了一条可行的技术路径。

提高功率密度、降低成本和增加 PEMFC 的耐用性将直接推动燃料电池的大规模商业化。这三个标准在很大程度上相互关联,有时又相互制约,在开发不同的燃料电池产品时应综合考虑。降低 MEA 成本是推动燃料电池汽车商业化的关键一环。目前,燃料电池 MEA 的制造成本较高,主要是因为材料成本高、制造工艺复杂等。因此,开发成本更低、性能更优的关键材料,优化制造工艺,提高生产效率是解决 MEA 成本问题的重要方向。总之,考虑到现有的材料框架,设计可随时制造的精细可控的结构是一个关键方向,而新材料的开发预计将在长期内产生深远的影响。

另一方面,MEA 的寿命问题也是燃料电池商业化面临的重要挑战之一。MEA 的稳定性、耐久性和性能衰减直接影响着燃料电池系统的可靠性和持久性。性能稳定的 MEA 可以降低燃料电池系统的维护成本,延长系统的使用寿命,提高系统的整体性能。因此,提高 MEA 的稳定性和耐久性,延长其使用寿命是当前燃料电池技术研究的重要方向之一。

未来的研究应当重点关注 PEMFC 的 MEA,探索通过材料创新、工艺优化和系统集成等手段解决 MEA 的成本较高和寿命不够长等问题,推动燃料电池技术的进一步发展和商业化应用。深入探讨这些问题,有望为燃料电池汽车的推广和普及提供技术支持和指导,促进清洁能源汽车在未来的可持续发展中发挥更大的作用。

此外,当谈到燃料电池汽车的发展和应用前景时,还需要考虑以下问题,如政策支持、市场需求和消费者接受度、产业合作等。政府的政策支持对于推动燃料电池汽车的发展至关重要。许多国家和地区已经采取了一系列措施,包括提供补贴和减免税收等激励措施,以促进燃料电池汽车的销售和推广。政府还可以通过制定排放标准和加快氢气基础设施建设,为燃料电池汽车创造更好的发展环境。而消费者对于燃料电池汽车的接受度和市场需求也是影响燃料电池汽车发展的重要因素。消费者通常关注燃料电池汽车的价格、续航里程、加注便利性以及可靠性等性能指标。随着技术的进步和成本的降低,燃料电池汽车的竞争力将逐渐提高,从而吸引更多的消费者。另外,在燃料电池汽车的发展过程中,产业合作起着重要作用。汽车制造商、能源公司、氢气供应商和基础设施建设者等各方需要共同努力,加强合作,共同推动燃料电池汽车的商业化进程。合作可以促进技术共享、成本降低并能加快市场推广,并推动整个产业的发展。

总的来说,燃料电池汽车作为一种清洁、高效的交通工具,在可持续交通领域具有广阔的发展前景。尽管面临一些挑战,但随着市场需求的增长,以及通过政策支持、技术创新以及产业合作,燃料电池汽车有望在未来发挥重要作用,推动可持续交通的实现。